怪談禁事録

営業のK

竹書房
怪談
文庫

目次

※本書に登場する人物名は、様々な事情を考慮してすべて仮名にしてあります。また、作中に登場する体験者の記憶と体験当時の世相を鑑み、極力当時の様相を再現するよう心がけています。現代においては若干耳慣れない言葉・表記が登場する場合がありますが、これらは差別・侮蔑を意図する考えに基づくものではありません。

ピザ

木山さんは都内でＯＬをしている三〇代。

何度か転職を経験し、現在の会社で働き始めてからはすべてが順調。

仕事自体も楽しく、やりがいのあるポジションを任されているそうで、当分は結婚するつもりはないらしい。

実家を出て、都内にしては閑静な立地のマンションで気楽な一人暮らしを楽しんでいる彼女だが、ごく稀にとてつもない食欲に駆られることがあるという。

それはテレビのバラエティ番組やＣＭで美味しそうなピザを見てしまった時。

普段はどちらかというと小食なのだが、ピザが大好物で、美味しそうなピザを誰かが食べているのを目にすると、食べたい欲求が抑えられなくなるのだそうだ。

新作の美味しそうなピザなどを見てしまった日には、すぐにでも食べたくて仕方がなくなる。

熱々のピザを食べながらビールやコーラを飲む至福を想像してしまうと、一枚だけの注文では飽き足らず、二、三枚は勢いで注文してしまう。

おまけになぜかピザのベストサイズはLサイズと決めているようで、当然一人では食べきれず、いつも後悔しているとのこと。

ただ、食べきれなかったピザは冷凍し、温め直して何食かに分けて食べているそうだから、俺としては何も問題ないと思う。

さて、そんな彼女だが、それだけ大量のピザを注文し宅配してもらう際には、いつも芝居めいたことをするのだという。

玄関でピザを受け取る際、あたかもリビングに家族や友人がいるかのように、

「お待たせ～……ピザが届いたよ～」

と部屋に向かって声を掛けるのだそうだ。

やはり女性の一人暮らしでそれだけ大量のピザを注文するのは気恥ずかしく、ついつい そんな芝居を打ってしまうそうなのだが、実は防犯上の理由もあるという。

最近は物騒な事件が頻発しており、ピザの配達員だとしても、女性の一人暮らしだと知

られるのは危険なのだそうだ。

しかし、彼女はある時不可思議すぎる体験をしてしまい、その後そのマンションを引っ越すことになった。

その日、残業で遅く帰宅した彼女は自炊する気も起きず、ちょうどテレビでＣＭが流れていた新作のピザを注文することにした。

電話注文を終えるとすぐに彼女は部屋中の明かりを点けた。

そしてテレビのスイッチを入れてできるだけ賑やかそうな番組を選び、大きめの音量にした。

これも彼女のいつもの行動パターン。

それから四〇分ほど経った頃、玄関のインターホンが鳴った。

「ピザ〇〇〇です。ご注文の品をお持ちしました！」

それを聞いた彼女はすぐに玄関に行き、ドアを開けた。

用意していた代金を支払い、ピザを受け取ると、いつものように誰もいないリビングに向かって明るく大きな声を掛けた。

「ピザ届いたよ〜！」

それはいつも通りの行動パターンだった。

しかし、その夜はいつもとは違っていた。

彼女の声掛けに呼応するように、

「は～い」

という声が聞こえてきた。

しかもその声は一人の声ではなく、明らかに複数の老若男女の声が綺麗に重なったように聞こえる声だった。

その場で一瞬固まった彼女だったが、何とか配達員に動揺を悟られないようにした。

そして配達員が帰っていくと恐る恐るリビングへと戻って行く。

部屋の明かりは点いたままだったが、なぜかテレビだけが消えていた。

彼女としては先ほどの複数人の声がテレビの音声だと思いたかったのだが、その願いも虚しく消えてしまう。

しかし、過去にも何度かテレビの電源が突然消えたことがあり、その時に、テレビや照明のスイッチは、偶然周波数が合ってしまった別のリモコンや電波で消えてしまうこともあるのだと聞いていた。

だから、今日のもきっとそういうことなのだと無理やり自分を納得させた。

気を取り直してビールを飲みながらピザを食べるとそのまま寝ることにした。

食べきれなかったピザをいつものように冷蔵庫に入れて。

その夜はビールを飲んだせいか、朝まで起きることもなかった。

しかし翌朝、ベッドから出た彼女はリビングの惨状に絶句して立ち尽くした。

冷蔵庫にしまっておいたはずのピザが床の上に散乱していた。

冷えたチーズは踏み荒らされ、フローリングの床にはその足で歩き回ったとおぼしき大小無数の足跡がくっきりと残されていた。

それを見た彼女はすぐにそのマンションから引っ越したが、新しい住まいでは今のところ似たような怪異は発生していないそうだ。

降霊術の一つに誰もいない部屋に向かって声を掛けるというのがあったと記憶しているが、もしかしたら彼女が体験した怪異もそういうものなのかもしれない。

出会いがしら

戸田さんがその日、仕事から帰宅したのは午前〇時を回っていた。

決算も近いということで会議が長引き、それが終わってから事務処理。タイムカードを押せたのは日付が変わるまであと三〇分もない頃だった。そこから車で二〇分ほどの道のりを走れば、容易にそんな時刻になってしまう。

家は真っ暗だった。リビングに入った際、一瞬線香のような香りが鼻先を掠めたが、もともとその手のことには無頓着な彼は、さして気にも留めず忘れてしまった。

家族はもう眠ってしまっているようで、彼はできるだけ音を立てないようシャワーを浴びると、風呂上がりの缶ビールを一本だけ楽しみ、二階の寝室へと階段を上っていった。

いつもなら平気で午前一時か二時頃まで起きている子供たちも既に寝ており、こんなに静かな家は久しぶりだった。

階段の七段目にあたる踊り場を曲がり、そこからさらに八段続く階段を上ろうと視線をあげた時、彼の視界にあり得ないモノが映った。

小柄な人影。

背の低い老婆が階段を上り切った場所に立っていた。

彼は、驚きと恐怖で悲鳴をあげてしまいそうになったが、実際には声すら出せなかった。

体がまったく動かない。

本来ならそんな場所にいるはずのない老婆から少しでいいから目をそらすか、つぶるかしたかったが、それすら叶わない。

ただ凍りついたように、その老婆の顔を凝視しつづけるほかなかった。

老婆は白い着物を着て、目を閉じていた。

真っ白な髪は後ろで束ねられており、乱れた感じはしなかった。

だが、白い着物はどう見ても死に装束にしか見えなかった。

どうしてそんな恰好をした老婆が、我が家の階段の上に立っているのか?

どれだけ考えても答えが出ない。

頭の中は混乱し、何をどうすればいいのかすら考えられなかった。

上ってきた階段をゆっくりと後ずさりするように下りていければ良かったのかもしれないが、なにせ体の自由がきかない。

やがて、彼が最も恐れていたことが起きてしまった。

階段の上の老婆がゆっくりと目を開いたのだ。

(えっ?)

目の中には何もなかった。

いや、違う。開かれた瞼の中にはうずらの卵のような白目しか存在しておらず、黒目の部分が見えなかった。

さらに恐怖で固まる彼の眼前で、老婆はニタリと笑った。

広がった口角がより一層顔のしわを際立たせていく。

「であいがしら……だねぇ。しかたないよねぇ……」

老婆は確かにそう言ったという。

何が「であいがしら」なのか、彼にはわからなかった。

その後に続いた「しかたない」という言葉の意味も……。

ただ、老婆の声を聞いたと同時にほんの少し体の呪縛が解かれた。

彼は訳もわからないまま必死に手を合わせ、早く消えてくれと祈った。

お経も念仏も正式なものは何ひとつ知らなかったが、唯一頭に浮かんだ言葉を一心不乱に唱え続けた。

南無阿弥陀仏……南無阿弥陀仏……と。

それが通じたのか、しばらくして目を開けると先ほどの老婆は既に姿を消していた。

結局、寝室に行くことは諦め、一睡もできぬままリビングのソファーで震えていた。

朝になり、起きてきた家族に彼は昨夜の恐怖体験を必死で訴えた。

しかし、彼以外に老婆を見た者はおらず、なかなか信じてもらうことはできなかった。

「でも確かに見た。絶対に夢なんかじゃないんだ……」

彼はもどかしそうに、後にこの話を俺に教えてくれた友人に吐露していたそうだ。

彼が亡くなったのはそれから間もなくのこと。

出会い頭で大型車と正面衝突し車は炎上。

身元を確認するのにもかなりの時間を要したという。

老婆は何者だったのか？

何のために彼の前に現れたのか？

事故に遭う前触れ、或いは予言としてその老婆が現れたのか？

それとも、老婆と出会ったから事故に遭ったのか？

「仕方ない」のひと言で済ませることなど到底できない彼の死であるが、その意味を改めて思う。すなわち、彼の死は元より決まっていたから「仕方ない」のか、或いは、見てはいけない存在を見てしまったから「仕方ない」結末になったのか。


それは誰にもわからない。

指宿《いぶすき》スカイライン

若田さんの弟さんは以前「走り屋」をしていたそうだ。

週末の深夜に集まって来ては交通量の少なくなった峠道を改造した自慢の車で走り回る。所謂ローリング族というものなのだろうが彼が主に走っていたのは指宿スカイラインだった。

一五年前に引退し、今はもう夜に走りに行くこともないそうだが、走り屋を引退するきっかけになった出来事というのがとても奇妙で恐ろしい。

これから書くのは、その決定的な出来事――彼が走り屋をしていた最後の夜の一部始終である。

指宿スカイラインとは鹿児島の市街地から池田湖までを繋ぐ観光道路。

自然が豊かで眺望も素晴らしく、昼間は観光客で賑わっている指宿スカイラインであるが、週末の深夜になるとその様子は一変する。

自称、走り屋を気取る若者たちの恰好の遊び場になってしまうのだ。

週末の深夜には若者たちが集まって好き放題走り回っているという噂が広まっており、わざわざそこを訪れるのは走り屋自身とせいぜいギャラリーだけという状況だった。

指宿スカイラインには走り屋達が喜びそうなヘアピンカーブが連続しており、そんな道で愛車をドリフトさせながらタイムを競う。走り屋同士の見栄の張り合いに加え、ギャラリーにも見られている手前、つい自分と車の限界を超えてスピンしてしまう者が出ることは想像に難くない。

当然ながら、そうした事故の中には死亡事故も存在した。

ゆえに指宿スカイラインで幽霊を見たという噂話が後を絶たなかったこともこれまた納得できる話である。

ある雨の日の深夜、彼はいつもよりテンション高く指宿スカイラインへ向かった。

ずっと降り続いている雨のせいで道路には水溜まりさえできているような状態だったが、愛車をドリフトさせることが何よりも楽しかった彼にとっては、滑りやすい路面こそ最高の舞台だった。

晴れの日ならば、かなりスピードを乗せてからハンドルを切らないと滑りだささない後輪も、雨で滑りやすくなっていれば低い速度でも簡単に滑り出してくれた。

結果として、派手なドリフトの割には速度自体はそれほどでもないというある意味安全な運転ができるということだ。

予想通り、いつもは冷汗を何度もかきながらのドリフト走行が、面白いほど次々と決まる。

普段コーナーの端々に陣取っているギャラリーも雨のせいかほとんどおらず、彼はまさに自分一人の世界を堪能していた。

決められた地点から自分でストップウォッチを使い、ゴールまでの時間を計る。

結果、その夜は雨という状況にも拘らず、自己ベストに近いタイムでゴールラインを通過することができたそうだ。

彼は満足げにゴール地点の奥にある駐車場に車を停めてエンジンを切った。

すると前方に白い服を着た誰かが立っているのがはっきりとわかった。

彼は最初、それが走り屋を見学に来たギャラリーだと思った。

雨の中を傘も差さずにご苦労なことだな……。

それにしても、よくそんな怖い場所に一人で立っていられるもんだな。

というのも、そこは幽霊が出るという噂で有名になっている場所だったからである。

ついまじまじとドライブインのほうを見ていると、ギャラリーだと思っていたのは白い服を着たお婆さんだと気がついた。

あの婆さん、あんな所でいったい何をやってるんだ？

傘も差さずに立っているからずぶ濡れになってるじゃないか。

そう思いながらも彼の頭の中には嫌な考えも浮かんでいた。

お婆さんの白い髪は雨に濡れてべっとりと頭に張り付いており、それでも微動だにせずにじーっと彼の車のほうを見つめていた。

気味が悪い……。

後から駐車場へとやって来た走り仲間と合流すると、彼は急いで駐車場を出て峠道を下ることにした。

いつもなら駐車場で一服しながら車の話で盛り上がるのだが、とてもそんな気分にはなれなかった。

とにかくこの場からすぐに離れたい！

それしか頭になかったという。

彼が先頭を走っていたのだが、ふとバックミラーを見ると後ろを走っているはずの友人の車のヘッドライトが見えない。

それほどハイペースで走っていた訳ではなかったが、もしかして途中で事故でも起こしたのかもしれないと思い心配していると、突然バックミラーに車のライトが映り込んだ。

後ろの車は何度もヘッドライトを点滅させているように見える。彼は後ろを走る友人が「勝負しよう」と合図しているのだと思い、アクセルを踏み込んだ。

しばらく夢中で走っていたが、道路脇の照明に照らされたところで、背後を走る車がはっきりと見え、アッとなった。

それは明らかに友人の車とは違う、別の車種だった。

背後から追いかけて来ているのが友人の車ではなかったことに混乱した彼は、咄嗟にアクセルを踏む足に力を込めていた。

すると、次のカーブを曲がろうとした時、突然カーブの外側に白い服を着た老婆が現れた。

それは先ほど、駐車場で見た老婆に間違いなかった。

どうして車よりも先にこのカーブに来れるんだ？

何なんだよ……何なんだよ、いったい！

パニックになって急ブレーキを踏んだ彼の車は、そのままガードレールへと突き刺さって止まった。

さらに信じがたいことに、後ろを走っていた車も同じように彼の車のほうへ突っ込んできたが、彼の車とガードレールにぶつかることもなく、すり抜けるようにしてそのまま崖下へと消えていったという。

何だったんだ、今の……。

理解不能な状況に頭の中は真っ白だったが、彼自身も車は大破し、ハンドルに打ち付けた顔から流血しているのがわかった。

早く救急車を呼ばなければ……。

そう思うのだが、痛みで思うように体が動かない。

そんな時、彼の耳元に生温かい息がかかった。

おや……死ななかったんだね……残念だ……。

それはしわがれた老婆の声に聞こえたが、それからすぐに彼は意識を失ったらしく、細かいことは憶えていないそうだ。

その後、後から追いついてきた友人に助けられた彼はすぐに救急車で病院へ搬送された。

しかし、なぜか医師の診断は虫歯だったという。

彼は激痛の中、虫歯ということでそのまま自宅へと帰されてしまった。

しかし、翌日弟から事故の話を聞いた若田さんは、素人が見ても酷いケガをしているのに虫歯と診断されたということに激高し、再度病院を訪れた。

昨夜虫歯と診断した医師の診察をもう一度受け、文句を言ったのだが……。

「あれ……なんでだろう……確かにこれは虫歯なんかじゃないですね。明らかに顔の何箇所かを骨折してます。あれ……おかしいな……」

医師まで狼狽してそのようなことを言うので、若田さんも拍子抜けしてしまったそうだ。

もう一度詳しく医師から状況を聞き出したところ、

「昨夜は患者さんのお祖母さまが付き添われて来てましたよね？　で、なんかお祖母さまの顔を見ていると虫歯というワードが浮かんでしまいました……自分でもなぜそんな単純な誤診をしたのかが理解できません……。ただ、虫歯だとお伝えした際、お祖母さまがとても喜んでいたのははっきりと憶えてます！」

そう答えたという。

結局、彼は鼻とあごの骨が完全に折れており、手術と入院でかなりの期間拘束されることになったらしいのだが、恐ろしいのは、その間、病院の受付に毎日のように祖母と名乗る見舞客がやって来ていたことである。

だが、彼の祖母は二人とも亡くなっていて、それはありえない。

思いあたるとすれば、それはもうあの指宿スカイラインで見てしまった老婆しかいないのだが、それ以上は怖くて考えるのをやめた。

その件以来、彼は走り屋から完全に引退した。

今は、たとえ昼間であっても指宿スカイラインにだけは絶対に近づかないようにしているということである。

車中で夜を明かした

会田さんは金属部材メーカーの営業マン。

地元にいることはほとんどなく、一か月の半分以上は全国を車で飛び回っている。

北海道と九州以外は彼の担当だというのだから同じ営業職に従事する者としては本当に頭が下がる思いだ。

確かに高給取りでお金に困ることは皆無なのだろうが、仕事が多忙すぎるという理由で彼は四〇代の半ばに差し掛かった今でも結婚ができないという。

そんな彼はちょうど二年前の冬、吹雪の中、高速道路を東北方面に向けて走っていた。

季節に関係なく全国各地を回る彼であるから、営業車にはその時もしっかりとスタッドレスタイヤが装着されていた。

しかし、冬の雪道では渋滞がつきものであり、その時の彼も高速道路で長い渋滞につかまっていた。

いっこうに動き出さない車列に業を煮やした彼は、悩んだ末に高速道路を下りて一般道を走ることにした。

一番近いインターチェンジで下りてカーナビで抜け道を検索する。

すると山越えにはなるが、最短距離で目的地近くまで行ける抜け道を見つけた。

かなりの積雪であり山越えのルートに不安はあったが、彼の営業車は４ＷＤ車でありスタッドレスタイヤもまだ新しかったので、何とか走り切れるだろうとそのルートに向かう決心をした。

走り出してしばらくした頃、数台の大型トラックが彼の前を走っているのがわかった。

もしかして、こいつらも山越えのルートを行くんじゃないだろうな？

いやな予感が頭をよぎる。

そのまま大型トラックの列の後ろを走っていくうちに、道は田舎の一本道になり、そこに至って予感は確信に変わった。前を走るトラック達も彼と同じルートを通って山越えするつもりなのだ。

後から思えば、その時点で無謀な山越えのルートを諦めるべきだったのかもしれない。

自分が車列の先頭にいるのならいざ知らず、連なって走る数台の大型トラックの後ろについて細い山道を走っていくということは、万が一前の車がスタックした場合には万事休すである。

しかし、高速道路に戻ったとしてもいまだ渋滞が解消されていないのは明白だった。

それならば、リスクは承知のうえで可能性の残されている山道ルートを選びたいと思ってしまったのだという。

そして、周りに民家もなくなり交通標識すらなくなった頃、とうとう恐れていたことが起きた。前方の大型トラックが完全に走行を停止してしまったのだ。先頭を走る大型トラックが完全にスタックし身動きが取れなくなったらしい。

カーナビを見ると既にかなりの高所まで登ってきているのがわかった。

前方では数人のトラック運転手がスタックしているトラックを助けだそうと懸命の作業を続けていた。

しかし彼は、車内から冷えた目でその様子を眺めていた。

こんな山越えの道を大型トラックが走り切れるわけねえだろうが！

そればかりが頭の中を駆け巡り、イライラした気持ちを抑えるだけで精いっぱいだったのだ。

　そして、彼は大切なことを忘れていた。

　彼の車は車列の最後尾。

　山ということもあって雪はしんしんと降り続き、あれよあれよという間にどんどん積雪が増えていた。日が暮れて辺りは真っ暗だったせいで見落としていたのかもしれないが、気付いた時には彼の車にも4WD車であろうと抜け出せないほど大量の雪が降り積もっていた。登ってきた車の轍《わだち》さえ消えてしまい、とてもではないがバックで山道を下りられる状況ではない。

　これはもう無理だと思った彼は、警察や会社に電話をかけ救助を要請しようとした。

　しかし、運の悪いことにスマホが全く繋がらなかったという。普段から電波の入らない場所なのか、雪のせいなのか、或いは別の要因があるのか理由は不明だが、とにかく使い物にならなかった。

　幸い、ガソリンには余裕があった。

　食べ物や飲料は持っていなかったが、朝までなら何とか我慢できるだろうと思い、彼はそのまま車内で一夜を過ごそうと腹を決めた。

彼はいったん車を降り、マフラー近くの雪だけを完全に取り除いてから再び車内へと戻った。一夜を車内で過ごすのは良いとしても、一酸化炭素中毒で死ぬなど絶対に御免だった。

しばらくはわずかな望みを抱いて再びトラックの車列が動き出すことも期待していたが、どうやら状況はさらに悪化しているようだった。

それに今となっては、再び車列が動き出したとしても彼の車は雪に埋もれており、そこから脱出するだけでもかなりの除雪が必要な状況だった。それならば朝になって誰かが呼んでくれた警察や消防に手伝ってもらったほうが楽に脱出できるかもしれないと、安易なことばかりを考えていた。

そんな感じでおよそ緊迫感など感じていなかった彼であったが、なにせ退屈である。外は吹雪いていたものの車内はエンジンをかけたままヒーターを全開にしているおかげでぽかぽかと暖かい。彼は次第に睡魔に襲われだした。

一応、ずっと起きているつもりだったのだが、やはり睡魔には勝てず、彼はいつしか眠りに落ちてしまった。

コンコンコン！

突然誰かが窓をノックする音が聞こえて彼は目を覚ました。

窓の外には数人の男性たちが彼の車を取り囲むようにして窓から車内を覗き込んでいた。

えっ、誰だ？

寝ぼけた頭でそう思ったが、すぐに救助にやってきた人達なのだろうと理解した。

彼のスマホは相変わらず誰とも電話が繋がらなかったが、彼の車の前で立ち往生している数台のトラックの運転手の誰かが警察に救助を求めたに違いない。

その状況ではそう思うのが自然だった。

よく見ると、救助に来てくれた人達は前方で停車している数台のトラックにもわさわさと纏わりつくように動いていた。

コンコンコン！

再び彼の車の窓がノックされ、意識をそちらに戻す。

見ると、車を取り囲んでいる男達全員が手に何かを持っていた。

彼は窓を開けようとしていた手を止めた。

彼らが持っているもの……それは素手で手掴みにされたおにぎりだった。

〈差し入れだ……食べてくれ……〉

そう言っているように聞こえた。

確かに大雪の渋滞時には差し入れとしておにぎりとペットボトルの水などを配ることはよくある。

だが、窓の外の男たちが手で鷲掴みするようにして差し出してきたのはコンビニのおにぎりでもなく、明らかに手で握ったであろう不格好な握り飯。

しかもその握り飯の色は薄茶色に変色しているように見えたという。

あんな物を食べるくらいならこのまま朝まで空腹を我慢したほうがいい……。

食べたら腹を壊しそうだ……。

そう思った彼は窓越しに手を振って、「要らない」というジェスチャーをした。

しかし男達は握り飯を車の窓に押し付け、ぐちゃぐちゃに潰そうとさえしてきた。

何をしてくれるんだ！

こいつら、頭がおかしいんじゃないのか！

文句を言ってやろうと思い、改めて男達の顔をまじまじと見た彼は全身に鳥肌が立った。

目に……白目の部分がなかった。誰一人として。

よくよく見れば男達が着ている服装も、どう見ても現代の物ではなかった。

時代劇で農民が着ているようなみすぼらしく汚れた着物……。

何よりその男達の体は薄っぺらで厚みというものがなく、その腕や足もただの木の棒のように見えたという。

その姿はまるで田んぼに立っている案山子《かかし》のようだった。

こいつら……なんなんだ？

いや、少なくとも人間じゃやねぇ！

彼はもう恐ろしくなってしまい、ハンドルにもたれかかるように顔をうずめると、両手で耳を塞いだ。

差し出された握り飯を食べなかったとしても、彼らの顔を見ているだけでとても悪いことが起こるような悪寒を感じたという。

彼はそのままガタガタと車内で震えていた。

時折、車を揺すられたり窓をドンドンと叩くような音が聞こえたが、決して顔を上げることはせず必死で恐怖に耐え続けた。

そのうち気を失ったのか眠ってしまったのか以降の記憶がない。

どのくらい時間が経ったのか、外がガヤガヤと騒がしいのを感じた彼は、外が明るくなっているのを感じ、おっかなびっくりでゆっくりと顔を上げた。

雪は止み、朝の光がまぶしい。道は除雪され、何台ものパトカーや救急車両、そして消防車両までもが連なり、何やら慌ただしく作業を行っていた。

彼はすぐに車外へ出て救助を求め、無事に山を下りることができたそうなのだが、この時先頭に停車していたトラックのドライバーが車内で凍死していた。パトカーや救急車が何台も来ていたのはそのせいだったのだ。

奇妙なのは、エンジンがかかりヒーターが作動したままの暖かい車内での凍死だったということだ。

警察からそれを聞いた彼は、こう思った。

きっと先頭のトラックのドライバーはあの握り飯を受け取ってしまったか、もしくはあいつらの姿をずっと見続けてしまったに違いないと……。

以来、彼は出張の際には常に早めに仕事を切り上げ、無理に移動せず、宿に泊まるようにしている。

夜の山には、いや夜の闇の中には今でも当たり前のように古くからの化け物が蠢いている。身をもってそれを体験してしまった彼は、夜の外出がどうにも怖くて、できなくなってしまったそうだ。

二歩目より三歩目がいいです

これは以前、登山を趣味にしている知人から聞いた話になる。

彼の登山仲間に三〇代の男性がいた。

彼はその時、北アルプスを縦走するルートで登山を楽しんでいた。

いつもはもう一人の登山仲間と一緒に登ることが多かったがその時は都合がつかず、彼は一人で山にやって来ていた。

久しぶりのソロ登山であったが、自分一人だけで登山に集中できるソロも悪くはない。

夏山とはいえ、いつもならば天候が荒れることも多かったが、その時はずっと晴天に恵まれて予定のルートを順調にこなしていった。

二日目の午前までは……。

異変が起きたのは午後。簡単な昼食を終え、再び歩き始めた時、ふと彼の目に異質なモノが映り込んだ。

確かにそれまでもいつもとは違う山の雰囲気は感じていた。

そのルートは登山愛好家の中でも中級レベル以上の方が好んで登るルート。

その日は天候にも恵まれていたから、難所では渋滞が起きることも容易に想像ができた。

しかし、予想に反して彼がそのルートを登り始めてからというもの、下りてくる人とすれ違うことはあったがそれも数えるほどで、彼と同じように登っていく人とは誰一人として出会わなかった。

自分の前方を登っている人もいなければ自分の後ろを登ってくる人の姿もない。そんな不可思議な状況で、久しぶりに人の姿を見た。

普通ならば、ホッと安心した気持ちになるのかもしれないが、その時の彼は背中に冷たい汗が流れるのを感じていた。

彼が目にしたのは母娘の姿。

スカートとブラウスを着た、ごく普通の母娘だった。

街なかでその母娘の姿を見かけたとしても彼は何も感じなかっただろう。

しかし、彼がその母娘の姿を見たのは一歩間違えば谷底へ滑落してしまうだろう断崖絶壁、難所として有名な場所であった。

そんな場所に母娘が立ってじっとこちらを見つめている。

しかもその足は裸足に見えた。

確かに裸足のほうが登りやすい場所もあるにはある。裸足のほうが滑りにくいケースもなくはない。だが、その時その母娘が立っていたのは切り立った岩場であり、裸足で歩こうものならすぐに裂傷を負って歩けなくなるのは明白だった。

母娘はこちらに助けを求めるような様子もなく、ただじっと彼のほうを凝視していた。

まるでそう、品定めでもするかのように。

おかしい……この場所へあんな服装で来る者などいるはずがない。

だとすれば、今自分が見ている母娘は人間ではないのではないか？

万が一あれが人間だったとしても、何か危険な人達であることは間違いない……。

そう思った彼はできるだけその母娘から離れた位置を通れるルートを考えた。

しかし、よほど危険なルートを自ら切り開いていく場合を除き、そんなルートは存在しなかった。

彼は仕方なくそのままその母娘が立っている岩場に向かって進みだした。

できるだけその母娘の顔を見ないように……。

できるだけその母娘から距離を置くように……。

俯き加減で前を見ながら登っていくと、やがてその母娘の腰から下が視界に入った。

その時の衝撃は忘れられないと、後に彼は知人に語っている。

確かに母娘は裸足だった。

しかし、その時彼の視界に入ってきたのは切り立った狭い岩場の上でつま先立ちで立っている六本の足だった。

彼が先ほど目視したのは二人連れの母娘だけ。

なのになぜかその時——足は六本見えた。

第一、あんな所でつま先立ちなどできるはずがない。

芯から突き上げてくる恐怖に体はガクガクと震えだし、歯の根も合わなかった。

それでも彼は一刻も早くその場所から離れなければと、懸命に前へと進んだ。

自分がいったい何と遭遇してしまったのかはわからない。

だが、とにかく逃げなければ命が危うい……。

そんな確信があったのだという。

しかしここで足を踏み外せば、滑落は必至。命が助かることはない。

それがわかっていた彼は冷や汗を流しながらも急く気持ちを何とか抑え、慎重に前へと進んでいった。

既に先ほどの母娘が立っていた位置からは三〇メートルほど離れた場所までやって来た彼は思わず背後を振り返ろうとした。

しかし、その刹那。

彼は耳元で囁くように交わされる言葉を聞いた。


帰りもここを通るんですかね？

二歩目より三歩目のほうがいいですね。


話の内容は全く理解できない。

しかしそんなことはどうでも良かった。

あの母娘がすぐ後ろにいる……。

それだけでもう彼の精神は限界だった。

恐怖に押し流されるまま。彼は切り立った岩場を一気に走り抜けた。

もう慎重に歩を進めている余裕などなかった。

滑落の危険すらその時の恐怖からすればどうでも良かったという。

幸い、彼は運よくその岩場を切り抜けることができた。

バランスを崩して危うい場面もあったが、何とかその場を乗り切った。

やっと人心地ついた彼は無意識に背後を振り返ってしまったが、そこにはもうその母娘の姿はなかったという。

それから彼は予定を切り上げて別のルートを使い、その日のうちに下山した。

少しでも早く山を去りたかったのだという。

無事に下山し、普通の生活に戻れたと思われた彼だが、その後も不可思議なことが続いた。

電話をしていると、いつも女性の声が混線すると相手から言われるのだ。

おまけに、妙な目撃情報も続出した。曰く、彼の横に二人の女と奇妙な姿をした男がいたというもの。いずれも彼が一人でいた時のことで、心当たりは全くない。

一人でファミレスに行っても大きなテーブルへと案内され、水が四人分運ばれてくる。

そうした状況に困惑し、不安を口にしていた彼は、それからしばらくして別の友人と登山に行き、そのまま帰らぬ人となった。

それはごく平坦な山での事故であり、自殺だった。

頂上近くで景色を見ながらコーヒーを飲んでいた彼は、友人の目の前で突如走り出し、三段跳びのごとく崖の下へと消えていったそうだ。

そうなれば滑落ではなく自殺となるのだろうが、発見された時、彼の体には外傷が一切なく、崖から転落したとはとても思えぬ綺麗な状態であった。それでも心肺は既に停止しており、奇妙なことには靴も靴下も履いていなかった。

傷一つない裸足のつま先だけがピンと伸び切っていたそうである。

「二歩目より三歩目のほうがいいです」

あれはいったい……どういう意味だったのであろうか？

まーくん

友井さんは以前、カラオケボックスの店長をしていた。

カラオケボックスで働いていると本当に色々な人間がいるものだと思い知らされたし、様々なトラブルに直面したことで、どんな場面においてもそれなりに対処できる能力が備わっていった。

今では全く別の仕事をしている彼だが、カラオケボックスで働いていた際に遭遇した、とても奇妙な出来事について語ってくれた。

それは今から一〇年ほど前に遡る。

当時の彼は既にカラオケボックスの店長として勤務しており、カウンターで受付と清算をするのが主な仕事内容だった。

いつもならばカウンターから各バイトに指示を出すだけで良かったが、その日は急遽バイトが休んでしまい、店長である彼がカウンター業務だけでなく他の仕事までやらなくてはいけなかった。

お客さんを部屋まで案内したり、オーダーされたフードやドリンクを部屋まで運んだり、そして場合によってはお客さんが退室した後の部屋の掃除までやらなければいけなかったようだ。

そんな時、一人の女性客が来店した。

既に老齢と呼ばれる域に入る六、七〇代の女性。

もっともその年代の女性が一人でカラオケにやって来ることはさして珍しくもなかった。

それでは何が奇妙だったのかと言えば、その女性が大きな子供の人形を腕に抱えていたことだった。

一見、本物の三歳児くらいに見える男の子人形で、かなり大きく精工に作られていた。

小さな女の子が人形やぬいぐるみを抱えたまま店にやって来ることはあったが、その女性は明らかに高齢の女性。

最初にその様子を見た時、彼はもしかしたら少し頭のおかしい人なのではないかと思った。だが、女性の身なりは上品で、落ち着いた年相応の恰好に見えた。人形の状態も、ちょうど三歳児が着るような明るい色調の服を着ており、汚れ一つなかった。

高齢の女性と手入れの行き届いた男の子の人形。

それがとてもアンバランスに感じられて、彼は内心ゾッとしていた。

女性は、にこにことカウンターの前までやってくると、

「まーくん！　今日はいっぱいいっぱい歌おうねぇ！」

と人形の顔を覗き込むように言った。

彼は、何か見てはいけないモノを見ているような気になってますます動揺したが、悟られまいとすぐさま笑顔をつくった。

「お客様、今日はどちらの部屋にいたしますか？」

女性は「まーくん？　……どの部屋にする？」と、またしても人形に向かって話しかける。

彼はちょうどキッズルームが空いているのを思い出し、

「お客様、今ちょうどキッズルームが空いております。その部屋にされては如何でしょうか？」

と声を掛けた。すると女性は満面の笑みに変わり、

「まーくん、良かったわね！　キッズルームが空いてるって！　この部屋に決めちゃおっかぁ！」

と、嬉しそうな声を上げ、人形を抱いている腕を上下に揺する。女性は「ね？」と覗き込むように相槌を求めるが、人形が返事をするはずもなく、作り物の瞼が揺すられるままに閉じたり開いたりを繰り返していた。

彼はなるべく人形のほうは見ないように、女性をキッズルームへ案内した。

部屋に着くと、女性は壁に貼ってあるメニューを見てランチを注文してきた。

当然のように、二人分の……。

その時ほど急遽仕事を休んだバイトのことを恨んだことはなかったという。

彼としてはもう、そのキッズルームには近づきたくもなかった。

しかし、人手がいない以上仕方がない。

彼はうんざりした気分で出来上がったランチをまたキッズルームへと持って行った。

部屋の前まで来ると、中からは赤とんぼを歌う女性の声が聞こえてきた。

しかし、それだけではなかった。

女性が歌う赤とんぼに、合わせるように輪唱する子供の声がはっきり聞こえたという。

……何が行われてるんだ？

あれは絶対に人形だったのに？

厭な予感に、心臓が早鐘を打つ。彼は深呼吸して気持ちを落ち着けると、ドアをノックした。

「お待たせいたしました、ランチです」

中に入ると女性が一人で赤とんぼを歌っており、人形はどこから取り出したのか乳母車に乗せられていた。

この手の女性は怒らせたら厄介だ……。

そう思った彼は、注文されたランチメニューは二つとも同じものであったが、人形の前には割り箸ではなく、子供用のフォークとスプーンを並べたという。

それを見た女性は満面の笑みで、

「まーくん、凄いねぇ！　唐揚げ美味しそうだよ？　さぁ食べようかぁ！」

とまた人形に顔を近づけて声を掛けた。

彼はもう寒気がしてしまって、逃げるように部屋を出たそうだ。

なんなんだ……この女は？

気が狂ってるとしか思えねぇよ！

そう心の中で吐き捨てつつも、何か得体の知れぬ恐怖に囚われてしまっていたという。

退室時刻が近くなると、女性は早めに部屋を出て精算レジへとやって来た。

人形は乳母車には乗っておらず、しっかりと女性の腕に抱えられている。

女性は満足した様子で、気持ちよく支払いを済ませてくれた。

そしてまた人形に顔を近づけながら、

「まーくん。今日はいっぱいいっぱい歌ったねぇ！　楽しかったねぇ、また来ようねぇ！」

と言いながら、抱きかかえた腕を上下に動かした。

その時も人形の瞼は閉じたり閉まったりを繰り返していたが、彼はそれを見た時とても微妙なことではあるが見逃せない違和感に気付いてしまった。

店にやって来た時と支払いの時とでは、人形の表情が全く違うように感じられたのだ。

店にやって来た時には、完全に無表情だった。

人形なのだからそれが当たり前だろう。

しかし、たった今、支払いを済ませた女性の腕に抱かれている人形は、まるで生きているかのように柔らかく笑っている顔にしか見えなかったのだという。

しかし、彼はそんなことは絶対に認めたくなかった。

人形に魂が宿るという話は聞いたことがあるが、そんなことなどあるはずがないと常々思ってきた。

だから、すべてが気のせいなのだ。

人形が笑っているように見えたのも気のせい……。

部屋に入る前に聞こえた赤とんぼの輪唱も気のせい……。

しかし、その後キッズルームの後片付けをしていた彼は、その場に残されていたランチの状態を無意識に見てしまった。

注文されたランチは二人分。

一つは綺麗に食べられ皿の上には何も残されてはいなかったが、もう一つの皿には料理がそのままの状態で残されていた。

高齢の女性が二人分の料理を食べられるはずもないし、何より人形がランチを食べるはずがないのだから当たり前だろう。

しかし、残された料理の一点が目に付いた彼は、それをまじまじと見てしまった。

皿の上に残された唐揚げ。

その唐揚げに、歯形が付いていた。

それはどう見ても子供の口としか思えない小さな歯型だったそうだ。

その後、女性が再び店を訪れることはなかったが、彼は店長を辞めた。

いつかまたあの女性とまーくんという人形がやって来るのではないかと怯えながら仕事を続けることに疲れたからだという。

職務質問

これは横尾さんという男性読者さんから寄せられた話になる。

去年の六月頃の夕方の出来事だったそうだ。

彼は付き合っていた彼女と海岸線の道をドライブしていた。

ちょうど見晴らしの良い場所に砂浜を見つけた彼らは車を停めて少し歩こうということになった。

駐車場は見つからなかったが、既に暗くなり始めていたこともあり、その道を走っている車もまばらという状態だったので適当なスペースに車を停めて車外へ出た。

砂浜までの道は街灯もほとんどなく、民家も全くと言ってよいほど見つからなかった。

そのまま階段を下りて砂浜へと降り立つ。

砂浜はさらに暗く、ポツンと小さな明かりが点る建物があるだけ。

「あの建物って何なんだろうね？」

彼女に言われて近づいてみると、どうやらその建物は公衆トイレらしい。

お世辞にも綺麗とは言えないような古いトイレだったが、真っ暗な砂浜の景色にぽつんと立っている姿は、何やら心を落ち着けてくれるような感覚があった。

彼らはそのトイレを横目に通り過ぎ、波打ち際をしばらく歩くことにした。

もう六月だというのに風は冷たく、一〇分も歩いていると体がすっかり冷たくなっていた。

あっ、そういえばさっきの公衆トイレの前に飲み物の自販機があったな。

そう思い出し自販機で熱い缶コーヒーを買うとそのまま車に戻った。

車の中で熱い缶コーヒーを飲みながらとりとめのない話をする。

そのうち砂浜を歩いた時にお腹が冷えてしまったのか、急にトイレに行きたくなってしまった。

できることなら先ほどのトイレは使いたくない。

古くて汚そうだったし、照明もチカチカと点滅を繰り返していた。

しかし、思ったほど余裕がなく、諦めてそのトイレを使用することにした。

砂浜で見たときは妙なほっこり感もあったのだが、改めて見るといかにも出そうな雰囲気である。ちょっと怖くなった彼は、車をトイレのほうへ向けて、ヘッドライトで照らした状態で使用することにした。

もうかなり焦らなければいけない状況だった。

トイレの中へ入ると男性用と女性用が分かれていないタイプ。

そこに個室が二つと小便用の便器が剥き出しで設置されていた。

天井だけは高くそれが逆に怖さを増幅させていく。

それでも勇気を出して個室スペースに入ると思っていたよりも綺麗な状態が保たれておりホッとした。

とりあえず素早く用を足して、走って車に戻った。

すっきりしたので、気分良く「これからどこへ行こうか？」などと話していると、突然運転席の窓をコンコンとノックされた。

辺りに誰もいないと思っていた彼は思わずビクッと体を硬直させた。

何だ？　誰がノックしたんだ？

気のせいだと思いたかったがノックの音は彼女にも聞こえていたらしく二人で息を殺し

て顔を見合わせたという。

そうしているると再び窓をコンコンとノックされた。

車の周りに誰かいるのかと辺りを見回すと、トイレの前で誰かがこちらを見ているのがわかった。

警察官だ。

警察官ならば不審な車が停まっていると思えば職務質問をすることもあるだろう。

しかし、ノックの音はほんの今さっき聞こえたというのに、どうやって瞬時にトイレまで移動したのだろう。

そんな疑問はあったが、相手が警察官だとわかるとつい緊張が解けてしまった。

警察官はゆっくりと車のほうへ近づいてきて彼らに向かって話しかけた。

「こんな所で何してるの?」

窓を開けると覗き込むようにして彼らに聞いてきた。

外が暗かったこともあり警察官の顔はよくわからなかった。

彼は正直にありのままを答えた。すると警察官は、

「ふ〜ん、ならいいけど……。実はそこのトイレで最近自殺した人がいてね、しばらくぶ

ら下がっていたんだよ」

と返してきた。

自殺……。ぶら下がる……？

そんな状況はトイレの個室しか思い浮かばない。

さっき俺が入った個室がそうだったんだ！

想像してしまった彼は頭が真っ白になってしまった。

彼は気もそぞろに警察官に会釈すると、その場から逃げるように走り出した。

二度とあのトイレには近づかないでおこう……。

そう思いながら。

タイミングの悪いことに、走り出してすぐガソリンの残量が乏しいことに気が付いた。

本当はもう少し遠ざかってからガソリンスタンドに寄りたかったが仕方ない。一番最初に見つけたスタンドへと立ち寄ることにした。

給油していると、スタンドの店員が話しかけてきた。

そこで彼はよせばいいのに先ほどのトイレの自殺について店員に尋ねてみた。

「あのトイレで自殺があったって聞いたんですけど本当ですか？」

するとその店員は、

「あれ……何で知ってるんですか？　新聞にも載らなかったはずなのに……。自殺があったのは本当ですよ。地元の警官が首を吊ったみたいですね……あのトイレで！」

それを聞いた瞬間、彼は説明しようのない鳥肌が全身に伝わっていくのを感じた。

警官が自殺した？

それじゃさっき声を掛けてきた警官は誰なんだ？

もしかして……？

それ以上はもう何も考えたくなかったという。

「あれから半年以上が経った今だから冷静に考えられるんですけどね。やはり車の窓がノックされた瞬間にはもう、あの警官はトイレの前に立っていたんです。それに、あの時警官のそばにはパトカーも自転車もありませんでした。それにね……あの警官の首、妙に長かったんです……。首を吊るとあんなに伸びちゃうものなんでしょうか？」

最後に彼はそう話してくれた。

船が来る

現在名古屋市に住む八田さんは高校を卒業するまでは山陰の農村で暮らしていた。小学校と中学校と同じ分校で学び、卒業後は親元を離れて寮生活をしながら高校へ通っていた。

まだ両親もその村に住んでおり、彼自身も村の自然は大好きだと言うが、それでも彼は二度と生まれ育った村に帰るつもりはないらしい。

いずれは両親を名古屋市に呼んで同居するつもりだという彼に、それほどまでに故郷に近寄りたくない理由を聞いてみたところ意外な話を聞くことができた。

彼の生まれた村は過疎地で、何もないところではあったが同年代の友達はそれなりに多かった。

一か所に家々が密集して建っているせいか、子供の頃から友達の家がすぐ近くにあった。

山間の村だったから海には縁がなかったが、その代わり池や川には恵まれた土地だった。川で泳いだり魚を釣ったり、池では探検めいた遊びもできた。その頃の記憶は大人になった今でも掛け替えのない思い出になっている。

ただ一つの記憶を除いては……。

その村は確かに自然に囲まれた豊かな土地だったが、古い土地ゆえに昔からの言い伝え、禁忌というものが根強く生き残っていた。

それは、一年のうち決められた一〇日間は決して川に近づいてはいけないというもの。川に近づいた者には船が迎えにやって来ると言われている。

船だけならまだしも、その船に乗っているモノを見てしまったら、そのままあっちの世界へ連れて行かれ、二度とこの世には戻って来れないとも言われていた。

子供たちはそれを、どうせ親が子供を躾けるために利用する迷信の類だろうとしか捉えていなかった。

禁忌の日は連続した一〇日間ではなく、一年三六五日の中にバラバラに散らばって存在する。毎年同じ月の同じ日が禁忌になるとはいえ、大人達がカレンダーに間違えないように真剣に印を付けている姿は子供の目にも異様なものだった。

村ではどこの家のカレンダーにもしっかりと印が付けられているだけでなく、その日になると大人達は外に出ることさえ恐れているように見えた。

しかしそうした迷信や都市伝説の類は子供にとっては好奇心をくすぐるものでしかない。かくいう彼らもいつかその禁忌の日に川に行って迷信の正体を暴いてやろうと躍起になっていた。

そしてとうとう、ある秋の日にそれを実行に移してしまう。

秋の禁忌日を選んだのは大人達が作物の収穫で忙しく、子供になど構っていられないはずだと思ったから。

その禁忌を決行したのは四人の男子と二人の女子。

いつも一緒に遊んでいた仲良しグループだった。

中学校が終わってからバラバラに下校し現地で集合した。

生憎の雨模様だったがそのせいか、いつにも増して大人たちの姿が少なく感じられた。

そうして川が遠くまで見渡せる木製の橋の上で、ワクワクしながら船がやって来るのを待った。

その川は大人は釣りに来ないし、泳げるほど綺麗でもないごく普通の川だった。船が通ることもなかったし、川幅を考えれば小さなボートが通るのが関の山だ。

川岸から川面までは二メートル以上の高低差があり川岸には背の高い雑草が茂っていた。

その雑草が生えた地帯は、普段は子供たちにとっては格好の釣りスポットになっていた。

禁忌の日以外には……。

そんな勝手知ったる場所だったが、やはり大人から禁止されている日にその橋にやって来たのは初めてのことだった。

皆の顔が少しばかり緊張していたのは、その後の展開を予測していたのかもしれない。

おい！……本当に船が来るぞ……。

それまでワイワイと話していた皆の顔が一瞬にして緊張した面持ちになった。

どんな船が来るんだよ？

誰か乗ってるのか？

皆がそれを確かめようとして橋の欄干に駆け寄った。

子供とはいえ六人が小さな橋の欄干に集中したことで、欄干は隙間がないほどに子供たちで埋め尽くされた。

中には欄干の上に立って、遠くからゆっくりと近づいてくる船の詳細を確認しようとする者もいたが、そんなことをしなくてもやがてそれがどんなものなのか誰の目にもすぐにわかった。

小さな木製の小舟の上に着物を着た女の人が立っていた。

船の大きさと対比して考えると、とんでもなく大きな女だったとしか考えられないという。

そして、船が五〇メートルくらいの距離まで近づいた時には細かい部分まではっきりと見えた。

船は薄い白色に塗られた木製の変わった形の船。

真ん中部分が踏み台のように少し高くなっており、その台の上に見たこともない風合いの着物を羽織った一人の女性がニコニコと笑いながらこちらに向かって手招きするように手を前後に動かしていた。

その船には漕ぎ手はおらず乗っているのはその女性のみ。

どう見てもエンジンが付いているようには見えず、どうやってその船がこちらへ向かって動いてきているのか、理解不能であった。

刹那、彼らのうちの一人がその場から無言で逃走した。

女性を見て怖くなったのだろう。

彼もその子に続いて一気にその場から走り出した。

うわ～！　という声を上げながら。

その場にいた六人全員が一気にその場から逃げ出した。

少なくとも彼はそう思っていた。

しかし、逃げているのは彼を含めて四人だけだった。

もしや、と思い橋のほうを振り返ると、橋の上で棒のように固まって動けなくなっている男女二人の姿が見えた。

「おい！　お前らも早く逃げろ！」

その場にいた全員がそう叫んだ。

そのままいつも遊んでいる空き地まで戻ってきた四人は、やはり二人が戻ってきていないことに気付き、悩んだ末にもう一度その橋へと戻ることにした。

しかし、そこにはもう二人の姿はなく、船も女も消えていた。

二人は翌日になっても戻ってこなかった。

警察や消防、ボランティアまでが加わって大規模な捜索が行われたが、現時点で彼ら二人が見つかったという情報は入っていない。

結局、六人で禁忌の日に川へ近づいたことがバレてしまい、大人達からこっぴどく叱られた。しかし、怒られた恐怖よりも、警察も大人達も、二人が消えてしまったのは掟を破ったせいだとわかると、一気に諦めの表情に変わったことのほうが強い恐怖として記憶に刻まれているという。

その後、一緒に川へ行った中の一人が海で溺れ死んだ。

単なる偶然だと信じたいが、内心そうではないと思っているという。

「あの時、消えた二人と同じくらいまじまじとあの女を見ちゃったのが、僕と溺れ死んだ彼なんです。だから次に迎えに来るとしたら……僕のところだと思っています」

怯えた顔でそう話す彼は、現在海にも川にも近づけなくなっており、住まいも厳重なセキュリティで管理された、海からも川からも遠く離れたマンションだ。

すべてはあの船と女から逃れたい一心で。

しかし、彼の恐れが本当なのだとしたら、それで怪異から逃れられるのだろうか？

俺にはそうは思えないのだが。

イボ

原田さんは物心ついた時から顔に傷があった。

母親からは出産の際に医師が爪で引っ掻いてしまったと説明をされていたが、彼女としてはあまり気にしてはいなかった。腕白に友達と遊びまわっていた彼女にとって、楽しく遊べることこそが最も大切であり、まだ見た目のことには全く興味がなかったのである。

しかし彼女が中学、高校と成長していくにつれ、顔の傷は少しずつ大きくなっていき、やがて大きなイボのようになった。

場所は右目の下。

そこに三センチほどの大きさのイボとして存在を主張し始めた。

女の子ということもあり、母親は美容外科でそのイボを除去してあげたいと考えたそうなのだが、思ったよりも高額な見積もりを提示され、悩んだ末にその時はいったん処置を保留にした。

しかし、その後別の病気で皮膚科を受診した際、もしやと思いイボの除去について尋ねてみると、「なんでしたら、今すぐ取っちゃいますか?」と言われた。

ダメもとで聞いたつもりがまさかの返事をもらい、彼女と母親は二つ返事で「お願いします!」と即答した。

結局、大掛かりな麻酔や手術もせず、メスでイボを削ぎ落とすという荒療治の末、彼女の顔からイボは消えた。

しばらくは薬の服用と傷口を覆うガーゼが必須だったが、綺麗さっぱりと顔から消えてなくなったイボに母娘は歓喜したという。

しかし、同居している祖母は違った。

顔にガーゼをあてて帰ってきた彼女を見てイボを取ったことを知ると、烈火のごとく怒り狂った。

あのイボは取ってはいかんものなのになんで取ったんだ!

あれが無くなったら大変なことが起こるぞ……と。

彼女も母親も祖母が怒り出した理由が全くわからず困惑するばかりだったが、理由を聞いても祖母は決して教えてくれなかったという。

ところが、祖母の願いが通じたのか、それから一年も経たないうちに顔のイボが再生した。以前と全く同じ形、大きさに育ってしまったのである。

がっくりと肩を落とす母娘とは対照的に、祖母は歓喜の表情を浮かべた。

彼女もなんだかぬか喜びで拍子抜けしてしまい、それからは顔のイボを取ろうとは思わず、できるだけ気にしないように生活してきた。

けれども就職して恋人ができると、またイボのことが気になりだした。

この頃、既に祖母は亡くなっており、もう家族に反対する者はいない。

母親に相談すると、「そうね、いい機会だから取っちゃえば！」と背中を押してくれた。

そこで今度は美容整形で、イボの根っこから完全に除去してもらった。

数十万という手術代がかかったが、それでも彼女は長年のしがらみから解放され、清々しい気分になれたそうだ。

しかし、祖母が彼女の顔のイボに固執していたのには、やはり明確な理由が存在していたのかもしれない。

イボを取り去ってからの彼女とその身辺には、悪いことばかりが起こるようになったのだ。

彼女自身の病気やケガ。

母親の大病。

事故による兄の大けが。

そして、あろうことか彼氏も突然発症した精神疾患により、彼女の目の前で電車に飛び込み命を絶った。

さらには、霊感などなかったはずの彼女が、最近は霊障に悩まされ続けている。

先祖と名乗る古い時代の男女が、入れ代わり立ち代わり彼女の前に現れるのだそうだ。

やっと会えた……ようやく触れる……。

そう呻きながら彼女の周りに纏わりついてくるそれらに抵抗しようとしても体がピクリとも動かせず、抵抗一つできないそうだ。

それも夢の中の出来事ではなく、現実に起こっている日常茶飯事なのだという。

仕事も辞めて外にも出ず、やがて体調を崩した彼女は入院治療を続けているが、良くなるどころか日増しに体調は悪化し、検査のたびに新たな病巣が見つかっている。

「もう余命も長くないみたいですから、もうどうこうしたいとは思っていません。お祓いも祈祷もやれることはすべてやりましたから……。ただこんな人間もいるということを知っておいて欲しかっただけです」

そう言って作り笑顔を浮かべる原田さんは、現在まだ二五歳になったばかりである。

お洒落には敏感

相葉さんの実家は古くからその地で栄えてきた旧家。

今では家族全員がサラリーマンや公務員として働いているが、以前は大地主だったこともあり働かずとも豪華な暮らしができていた時代もあったそうだ。

そんな家系だからしっかりと家系図というものが存在しており、大きな蔵には古くからの骨董品が所狭しと詰め込まれている。

大きな家と敷地、そして大きな蔵。

俺からしてみれば羨ましい限りだし、蔵と聞くだけでいったいどんなお宝が眠っているのだろうとワクワクしてしまうが、彼女はそんな家に生まれたことが嫌で仕方がなかったそうだ。

確かに敷地が広く大きな家ではあったが、建物自体もとても古い木造で、何より広い敷地のおかげで幼い頃から暇さえあれば草むしりや庭掃除を手伝わされたそうだ。

それに彼女自身は骨董品に興味はなく、もしも所蔵品の中に高価で売れる品があったとしても、蔵には近づくのが躊躇われるくらい不気味な雰囲気が漂っていた。

そんな彼女の家には古くから伝わっている大きな掛け軸が客間に掛けられていた。

その掛け軸には古い先祖だと言い伝えられている一人の和服の女性が描かれているのだが、彼女は幼い頃からその掛け軸を見るのが苦手だった。

その掛け軸に描かれている女性はかなり前の先祖で、守護神となってその家をずっと守っているのだと聞かされてはいたが、その姿は少し人間離れした奇妙な風貌をしていて、失礼ながら肖像画というより幽霊画にしか見えなかった。

そして、何が一番嫌だったかといえば、その掛け軸の中の女性は見るたびに表情や視線の向きが変化しているように見えたことである。

閉じているはずの口が少し開いている場合もあったし、明らかに手の位置がおかしい場合もあった。

笑っている顔の時もあれば、怒ったり悲しそうな顔をしている時もあった。

そして、彼女が何処にいても常に彼女のほうへと視線を向けてくる。

「この掛け軸の中には本当に幽霊が住んでいるに違いない」
彼女はそう信じ込んでいた。

ある日のこと。学校の昼休みに友達に例の掛け軸の話をすると、クラス中で盛り上がってしまい、それならば学校の帰りにみんなで彼女の家に見に行こう……ということになってしまった。

彼女としても別に嘘をついたわけでもなく、いっそのことクラスの友達にも怖さを共有して貰ったほうが気持ちが楽になるかもしれないと思いその提案を受け入れた。

かくして学校が終わると、同じクラスの女子生徒ばかりが一〇人ほど彼女の家へと付いてきた。

早速、客間に招き入れてその掛け軸を見せたらしいのだが、本当に想定外の反応が返って来たのだという。

最初こそ、
「本当に今すぐにでも動き出しそうだね……」
「確かに幽霊画に見えるよね……」

と各々がその掛け軸に描かれている女性を怖がっていたが、しばらくすると、

「でもさ、この髪型ダサくない？」

「今じゃ絶対にありえない古めかしい髪型だよね」

と、女性の髪形をディスり始めてしまったのだ。

それからしばらくの間、客間に全員が座り込んで掛け軸の女性が動き出さないかとじっと掛け軸を凝視していたのだが、やがては飽きてしまい、そのまま解散ということになった。

彼女はそれまでその掛け軸の女性のことを不気味で怖いと感じていたが、家では守り神と崇められているため、何となく率直な思いを口にすることは憚《はばか》られていた。

しかし、クラスメイト達は怖いどころか、女性の容姿を酷評し、素直にそれを口にしてしまった。

彼女はあとから、クラスメイトの皆に罰が当たらなければいいけど……と、少し不安になってきたそうだ。

しかし、クライメイトの愚行は予想外の変化をもたらすことになった。

結果としてクラスメイトの身には何も起こらなかった。

ケガをした者も事故に遭う者もいなかった。

その代わり、掛け軸のほうに変化が現れたそうだ。

掛け軸の中の女性の髪形が明らかに少し変わっていった。

素敵とかお洒落とかいう表現とはかけ離れていたが、かなり努力した形跡が見られる少し奇抜な髪形に変わっていた。

しかもその髪型は一週間に一度くらいの周期で変わっていったのだという。

両親や祖父母にそのことを話した時も、

「だからあの掛け軸の中のご先祖様は生きているんだ。その程度のことで驚く必要はないだろ?」

と逆に諭されたという。

そんなことがあってから彼女はその掛け軸が怖くなくなった。

「古いご先祖様でも守護神でも、幽霊だったとしても、つまりは私と同じ女性なんですよね。他人の目は気になるし、もっと綺麗になりたいと思ってるんだって……。そう感じてからは不思議とその幽霊画からは人間臭さが感じられて、怖いというよりも親近感が沸いてきました」

とてもおしゃれな彼女は嬉しそうにそう話してくれた。

夜行バス

沢島さんは大阪に住んでいる二〇代のＯＬさん。

現在、東京に住む彼氏と遠距離恋愛の状態にある。

彼氏は仕事がかなり忙しいようで、もっぱら会いに行くのは彼女からになる。

多い時で月に二、三度、少なくても月に一度は必ず会いに行くというのだから彼氏にぞっこんという感じなのだろう。

しかしごく普通の会社で平均的な給料で働いている彼女に経済的な余裕などあるはずもなく、移動には必ず夜行バスを利用していた。

飛行機や新幹線よりもかなり格安で、しかも夜眠っている間に東京へ運んでくれる夜行バスは、彼女にとってはまさに夢のような移動手段なのかもしれない。

夜の一〇時頃に大阪駅を出発して朝六時頃に東京に到着する。

それから彼氏と会ってのんびり過ごし、再び日曜日の夜に夜行バスで東京を出発して朝六時頃に大阪駅に着き、そのまま会社に出勤する。

なかなかハードなスケジュールに思えるが、彼女にとってはとても充実した週末の過ごし方なのだろう。

夜行バスの中には、個室になっているものや、便利な機能や設備が充実しているものも増えてきているが、彼女が利用しているのは格安の夜行バス。

普通に学校のバス遠足で誰もが乗ったことのある、豪華さも快適さも皆無な、ごく一般的なバスだった。

外から見ればそれなりに綺麗に塗装されているが、車内は造りが古く、お世辞にも綺麗とは言えない内装だそうだ。

トイレもなければ音楽や映画も観られない。

しかし、そんなことはどうでも良いのだと彼女は言う。

バスに乗ったら寝るだけなのだから、高価な豪華設備など不要、リクライニングできる座席があればそれだけで十分なのだと。

その日も仕事を終えた彼女は予約してあった夜行バス乗り場へと向かった。

事前に荷物も用意してあったし、自宅へ帰る必要もなかったのでとりあえずコンビニ弁当で夕飯を済ませた後、ぼんやりと誰もいないバス乗り場に座り込んでいた。

夜行バスが出発するまでにはまだ二時間ほどあったが、彼女はいつも早めにバス乗り場へやって来てぼんやりとバスが来るのを待つのが好きだった。

東京に着き彼氏と合流してから何処へ行こうとか、何をしようとか考えているだけでとても幸せな気持ちになるのだという。

しかし、毎日の仕事に追われての金曜日の夜。

さすがに疲れがたまっていたのか、彼女は知らぬ間にその場で座ったまま眠り込んでしまった。

ざわざわした人の声でハッと目が覚めた彼女は慌てて立ち上がり、バスに乗ろうとした。

しかし、バスはまだ到着すらしておらず彼女の他にはバスを待っている人もいない。

確かに人の声がしたのに……。

そう思ったが寝起きの彼女はそんなことを気に掛ける余裕もない。

仕方なくそのままバスを待っていると定刻通りにいつものバスが到着した。

しかし、どうやら彼女の他には乗る人はいないようだった。

いつもは満員状態なのにおかしいな……。

そうは思ったが、一人でのんびりとバスに乗れるのならば最高だったし、東京に着くまでに何か所かのバス停に停まることもわかっていたから特に気にはならなかった。

バスに乗り込んで予約してあった席を見つけ荷物を棚の上に乗せると彼女はすぐに座席に座り窓のカーテンを閉めた。

夜の景色など見る価値もなかったし、何より彼女は一刻も早く眠りに就きたかった。

そして、他には誰も乗客がいないとわかっていたからいつもよりも少し深めに座席をリクライニングさせた。

ふぅ～、これでやっと一息つける……起きたら東京だ……。

そう思って目を瞑ると車内からぶつぶつと独り言のような声が聞こえてきた。

せいぜい二〇～三〇代くらいの若い女性の声。

しかし、彼女にはその独り言が何かの呪文かお経のように聞こえて仕方なかった。

いや、それよりも、彼女がバスに乗ってきた時に乗客は一人もいなかった。

そして、バス乗り場にも……。

彼女がバスに乗り込んでからも、乗ってきた客などいなかったはずだ。

なんでよ……絶対に誰も乗っていないはずなのに……。

そう思っているとバスは発車のアナウンスと共に始発のバス停を出発した。

今夜はなんだか不思議なことだらけだな……。

そう思っていたが睡魔には勝てず、やがて彼女はそのまま眠りに落ちたという。

またざわざわとした人の声が聞こえ、彼女はハッと目を覚ました。

時計を見ると既に午前二時を回っていた。

いつの間にか座席はほぼ満席状態になっているように感じられた。

それにしても、夜行バスの中で深夜二時を回ってもざわざわと話し声が聞こえるというのは初めての経験だった。

寝ている間に団体客でも乗り込んできたのかな？

バスの運転手さんもなんで注意しないんだろ？

これじゃ全然眠れないよ……。

そう思ったが、彼女には注意をする勇気はなかった。

仕方なく窓のカーテンを開けて少しだけ外の景色を見てみようと思った。

そして外の景色を見た彼女は思わず固まった。

彼女がその時乗っているバスはいつも高速道路をメインに走っていくルートだった。

しかし、彼女が見たのは明らかに高速道路のそれではなかった。

窓から見えるのは一面の田園風景。

しかも、道路の脇には数えきれないほどの卒塔婆が立てられており、それらがぼんやりとした明かりの中に浮かび上がっていた。

ここはどこなの？

何でこんな道を走ってるの？

彼女は思わず立ち上がって運転手の席に行きその理由を説明してもらおうと思った。

しかし、体が動かせなかった。

席から立ち上がろうとしても体には全く力が入らなかった。

なんで……どうしたの？

パニックになっている彼女をよそに車内ではトイレ休憩のアナウンスが流れバスは左へと緩やかに曲がっていった。

そして、バスは何もない場所に向かって走っていきやがて小さな木造のトイレとぼんやりとした明かりがひとつだけ灯った場所へ到着した。

バスから降りる者は誰もいなかった。

しかし彼女の視線は別のモノに釘付けになっていた。

それはトイレの薄明かりの中に立つ一人の女の姿。

身長が恐ろしく高く、足には草履のようなものを履いていた。

洋服は着ていたが髪型はまるで落ち武者のように乱れていた。

しかもその女の顔は長い体の三分の一ほどをしめ、しゃくれた長い顎の上で口がだらしなく開いたままになっていた。

顔は横にも長く吊り上がっており、その目は真っ黒に埋め尽くされ、白目の部分がないように見えた。

彼女には少しばかり霊感があり、過去にも何度か幽霊らしきものを見たことはあった。

しかし、その時見た女の容姿はそれらすべてを凌駕する恐ろしさだったという。

彼女はもう気が気でなかった。

いつその女と目が合ってしまうかと考えただけで冷たい汗が流れるのに、どうにも目を逸らせない。

しかし、ずっと別の方向を見ていた女の緯線が突然彼女と重なった。

「ヒッ！」

彼女は思わず小さな悲鳴を漏らした。

目が合った女は表情一つ変えずにその場から移動してバスのほうへと近づいてきた。

それは歩いているという動きではなかった。

まるで氷の上を立ったまま滑っているかのような不自然な動きだった。

早く、早く……バスを出してよ！

そう思った瞬間、プシューッという音が聞こえバスの乗降ドアが閉まったのがわかった。

きっとバスの運転手さんにもアレが見えたんだ！

だから急いでバスのドアを閉めてくれたんだ！

そう思い、一瞬ホッとした彼女だったがすぐに車内の異常に気付く。

車内がやけに静かだった。

つい今しがたまで車内からはざわざわとした話し声が聞こえていた。

それが今は耳が痛くなるほどの静寂に包まれていた。

まるで何かに怯えて声を殺しているかのように……。

そして次の瞬間、彼女の耳に絶対に聞きたくない音が聞こえてきた。

ペタペタ……スルスル……ペタペタ……スルスル……。

それは何かが車内を動き回る音にしか聞こえなかった。

何かを探している。

そして移動する音に混じり小さな囁き声が聞こえてくる。

〈ちがう……これじゃない……〉

それは震えるように小さな声であったが、彼女を恐怖のどん底へ突き落すには十分すぎる不気味さがあった。

〈ちがう……これじゃない……〉

同じ言葉の繰り返しを何度聞いただろうか。

声が聞こえてから移動する音が聞こえ、それが聞こえなくなってしばらくすると、

〈ちがう……これじゃない……〉

という声が聞こえてくる。

それは外のトイレにいた女が、車内を少しずつ移動しながら何かを探しているようにしか聞こえなかった。

そして、探しているものは何か？

それはきっとあの女と目が合ってしまった自分に違いないと彼女は恐怖した。

相変わらず体は動かせなかった。

しかし、その音と声はゆっくり確実に彼女に近づいてきていた。

何とかして逃げ出さなければ!

でも、どこへ?

走っているバスの中で逃げ場などない。

その時彼女は閃いたという。

今は静まり返っているが、車内にはたくさんの乗客がいるはず……。

そしてあの女が乗り込んできたことで静かになったのだとしたら、もしかしたら他の乗客たちにもあの女の姿が見えているのかもしれない。

それなら全員に協力してもらえば……。

そう考えて彼女は何とか声を絞り出して助けを呼ぼうとした。

何度もかすれた声が出た後、ようやく声らしきものが出てくれた。

「助けてください……」

小さな声ではあったが静まり返った車内なら聞こえないはずはなかった。

しかし、車内からは何の反応もなく、聞こえてくるのはあの足音と声だけ。

だがその時、がっくりと肩を落としていた彼女はすぐ近くから聞こえる声を聞いた。

どうしましたか？

大丈夫ですか？

それは中年っぽい男性の声だった。

彼女は歓喜のあまりその声がしたほうへ顔を向けた。

そこには吊り上がった横に長い目があったという。

彼女はその衝撃で何かが解けたかのように勢いよく立ち上がることができた。

しかし、そこで見た光景があまりにもショックでそのまま意識を失って倒れた。

たくさんの人が乗っていると思っていたバスにはやはり、自分一人しか乗ってはいなかった。

それを見た瞬間、わずかな希望は絶望に変わったのだという。

それからどれだけの時間が経過したのだろうか。

彼女は目的地である東京のバス停で目を覚ました。

既にその場にバスはおらず、彼女一人がもたれかかるようにバス停の看板を掴んだまま意識を失っていたそうだ。

その後、無事に彼氏と合流できたのだが、酷い高熱で数日間寝込むことになった。

現在でも彼女は東京の彼氏と遠距離恋愛をしている。

だが、移動にバスは利用せず、新幹線か飛行機を利用している。

あの夜がトラウマでバスに乗れなくなってしまった彼女は、今でもバスを見かけると目を背ける。

運転手も乗客もすべてがあの女の顔に見えてしまうのだそうだ。

そんな彼女は、もうそろそろ彼氏との付き合いをやめようかと考えている。

あの日以来、自分の顔が歪に変化していっているのがわかるのだ。

顔の形やあごのしゃくれ具合、目の形や大きさ、それらがすべてあの時見た女の顔にそっくりになってきているのだという。

「気のせいじゃないですか？」

と言った俺だったが、

「実はこの歳になって身長がまた伸び始めてるんです……」

そう聞かされて掛ける言葉が見つからなくなった。

サイレンが聞こえる

佐藤さんは生まれも育ちも福島県。

役場に勤める両親と看護師の姉、そして彼女の四人暮らしで小さいながらも一戸建てに住んでいた。

娘にだけは甘い父とすべてにおいて厳しい母親、のんびり屋の姉と甘えん坊の彼女。

当時はお世辞にも快適だとは思っていなかった四人家族での暮らし。

二〇一一年三月一一日一四時四六分に発生した巨大地震。

それがすべてを彼女から奪い去った。

当たり前だと思っていたものが掛け替えのない宝だったと気付いても、もう元には戻せなかった。

津波がすべてを飲み込んでしまい、建物も車も、そして大地や木々さえも根こそぎ奪っていった。

都会とは言わないが都市として認識されていた場所が一面、原始の時代に戻ったかのようで、当時まだ高校生だった彼女は現実を受け入れられなかった。

見つかったのは数個の遺留品だけ。

父も母も姉も、全員が体の一部すら見つかっていない。

完全に独りぼっちになった彼女には同じ東北に住む親戚から救いの手が差し伸べられた。

一緒に住もうよ……と。

しかし、彼女はそれをすべて断った。

とにかく一刻も早くその土地を離れたかった。

そこに住んでいれば便利なこともあるのかもしれない。

家族の遺体が見つかった時、遺留品が見つかった時、そして土地や財産などを相続する時。しかし、現実を受け入れていない彼女にとってそれはただ迷惑なだけだった。

大きな揺れを、街を飲み込む津波を、そして家族の温かさすら思い出すのはつらい……。

だから今は何も思い出したくない。

真剣にそう思った。

そうしてすべての現実から逃げたかった。

そこで彼女は、山陰のとある地方都市に住む親戚の家へ身を寄せた。

福島県と同じ太平洋側の海は二度と見たくない……。

山陰を選んだ理由はそんな感じだった。

親戚は彼女に優しく接してくれた。

そして時間の流れがほんの少しだけ彼女の心を癒してくれた。

時が経つのは速く、彼女も来年でちょうど三〇歳になるそうだ。

現在では公的な仕事に就き、市内のマンションの六階に一人で暮らしている。

マンションは最新の強固な構造のもので、低層階ならまだしも上のほうは家賃もかなりするのだが、多少無理をしてでもできるだけ高層階の部屋を選んだ。

それもまた無意識に津波の恐怖を憶えているからなのかもしれない。

恋人も作らず、仕事から帰ると自炊して、アニメを見て過ごすだけ。

お笑い番組を見ても、まるで笑顔を忘れてしまったかのように全く笑えないのだそうだ。

いや、笑いだけではない。

彼女は泣くこともできなくなっている。

悲しいとか可哀そうという感情が沸きあがることはあるがなぜか涙は一滴も流れない。

だから彼女は毎日同じように暮らしている。

定時に退社し、買い物をしてマンションへと帰り、自炊で食事を済ませ、シャワーを浴びた後はひたすらアニメを見続ける。

何も考えなくていいからアニメは欠かせないという。

何も考えず結婚もせず一人で生きていって適当な寿命で一人で死んでいく。

それが自分にはお似合いの人生だと思っていた。

そんな彼女がちょうど一年ほど前から不可解な現象に見舞われている。

毎日ではないが一五時少し前になると、何処からかサイレンの音が聞こえてくるのだという。

サイレンがなる日に法則はなく、就業中に聞こえることもあれば、休日のアニメの鑑賞中に鳴り響くこともある。いずれも耳を押さえたくなるほどの大音量だそうだ。

音の出所を彼女なりに探したが全くわからず、会社やマンションの管理組合に問い合わせても、そんな音など誰も聞いていないと断言された。

確かに同じマンションに住んでいる人にも勇気を出してサイレンのことを聞いてみたこ

とがあったが、やはり誰もサイレンの音に気付いてはいなかった。

彼女に言わせれば、気付くとか気付かないというレベルをはるかに超えた大音量のサイレンなのだが、どうやらそのサイレンの音が聞こえているのは彼女一人だけらしい。

そうなると、やはり精神的な原因を疑うしかなかったが、受診した精神科でも彼女は全く異常なしと太鼓判を押されてしまった。

しかし、精神疾患の中にはそういう症状も起こり得ると知った彼女は、自分がきっとその症状にかかっているに違いないと勝手に判断し、それならば自分一人が我慢すれば良いのだから、とそのまま放置して生活することにした。

そんな今年の三月一一日。

土曜日ということで仕事も休みだった彼女は、同僚に誘われて地域ボランティアに参加していた。

何も考えずに体を動かし続ければ、余計なことを考えないでいられる……そんな理由で。

しばらくは時間を忘れて活動していたが、午後三時近くになった時、またしてもけたたましいサイレンの音が鳴り響いた。

勿論、それが聞こえているのは彼女一人であり、周りのすべての人達には何も聞こえていないのだろう。とくに変わった様子は見られなかった。

いつもは五分ほど我慢していれば自然と聞こえなくなってくれていたサイレンの音。

しかし、その時はいつまでも聞こえ続けたという。

何か今日はいつもは違う……。

それは彼女にもはっきりとわかった。

同僚に体調が悪くなったと伝え、その場から離れて徒歩で駅に向かっているとサイレンの音がいつにも増してどんどん大きくなってくる。

彼女はもう立っていることもできず、その場にうずくまるしかなかった。

しばらくすると少しずつサイレンの音が途切れ途切れになり、彼女は思わず顔を上げたという。

刹那、心臓が止まるかと思った。

ただ、悲鳴を上げたくても声にはならなかった。

彼女の周りを取り囲むように、体中が腐り、ずぶ濡れになった二本足で立つ何モノかが彼女の顔を見下ろしていた。

彼女はそこで意識を失ったという。

俺が相談を受けたのはちょうどその頃だった。

その後、何の連絡もない彼女を心配していたのだが、今年の四月になってようやく連絡がきた。とても明るい内容で……。

彼女曰く、その後も何度もサイレンが聞こえてきて、そのたびにそれらが現れるようになったという。

ただ、得体の知れない何かではなかった。

彼女にはそれが、両親と姉であることがわかったのだという。

それからはサイレンの音が待ち遠しくなってしまって……と。

メールの最後に、彼女はこう認《したた》めていた。


今年の夏には福島へ引っ越そうと思っています。

家族が待っていてくれるので……。

福島に戻ればもうけたたましいサイレンの音を聞かなくてもいいし、ずっと家族と一緒にいられるそうですから……。

俺はこのメールを読んで、つい疑心暗鬼になってしまった。

ソレは本当に亡くなられた家族なのか？

いや、もしもそうだとしてもその家族は亡くなっている。

その家族が「これからはずっと一緒にいられる」と言ったのだとしたら、いったいそれはどういう意味なのだろうか……。

無論、長生きすることだけが幸せではないし、もしかしたら嘘の中にこそ幸せがあるのかもしれないことは知っている。

ただ彼女の幸せが続くことを祈りたい。

新品同様

結城さんはとにかくスマホを活用している。

ＳＮＳやネット閲覧だけでなくスマホ決済や簡単な事務作業、そしてオンラインゲームとその使用範囲は幅広い。

スマホを電話とＳＮＳ以外では使用しない俺と比べればまさに雲泥の差だ。

そんな彼はとにかくスマホの性能に拘る。

新しいスマホが発売されるのを常にチェックし、より快適にゲームが出来そうな性能だと判断すればさっさと新機種に乗り換えてしまう。

動きが遅いスマホで時間を無駄にするよりは、さっさと新機種に乗り換えたほうが時間とお金の有効活用になるというのが持論だ。

確かに一理あるとは思うのだが、そう考える彼だからこそ、今回書くような怪異に遭遇してしまったとも言える。

その時も彼はいつものようにネットショップを閲覧し、新しく発売されたスマホの性能やレビューをチェックしていた。

彼はその時、それまで使っていたスマホの性能に不満を感じ始めており、画期的な高性能スマホへの機種変更を検討していた。

しかし高性能・高機能な最新スマホはどこのサイトを見てもかなりの高額で売られていた。さすがに高いので、彼の持論をもってしても割に合うのかどうか微妙なところでもある。半ば諦めていたところ、偶然あるサイトで「中古アリ」の表示が出ているのを見つけた彼は、勇んでそのページに移動した。

すると発売間もないその最新スマホが、かなり格安で売りに出されていた。

使用期間＝一時間程度と書かれていたこともあり、きっと自分と同じようにスマホの性能を確認する目的で購入した人がすぐに手放したに違いないと思い、迷わずその中古スマホを購入した。

商品は三日ほどで彼の手元に届いた。使用期間＝一時間という説明の通りに、全く使用感の感じられない新品同然の状態だった。

実際に使用してみると、それまで彼が愛用していたスマホよりもかなり快適にゲームをプレイすることができた。

彼は歓喜し、すぐにその中古スマホを愛用するようになったという。

画面も大きくて見やすく、処理速度や反応もすこぶる速い。

そうなると、どうして前オーナーがこのスマホをすぐに売りに出したのか謎だった。

決して安い金額ではなかっただろうし、たとえ新型スマホの性能チェックが目的だったとしても、これほど高性能なスマホを簡単に手放すものだろうか、と。

考えれば考えるほど不思議で仕方なかったが、お蔭で彼はそのスマホを格安で手に入れることができたわけだし、余計な詮索はしないようにしたそうだ。

しかし、それからしばらくすると妙なことが起こり始めた。

スマホをポケットに入れて外出している時には何も起こらなかった。

しかし帰宅してスマホを置いておくと、知らぬ間に場所が移動しているのだ。

リビングの机の上に置いたはずが気づくと見当たらず、必死に探すとトイレに置かれていたということもしばしばで、消えたスマホが浴室や物干し場から見つかることもあった。

そのたびに、きっと気付かないうちにスマホを持って移動しそこに置いてしまったんだろうと無理やり自分を納得させていたが、そのうちに説明のつかない場所から見つかるようになった。

例えば、エアコンの上。冷蔵庫の上。しまいには、天井裏からスマホが見つかったこともあった。どれだけ探しても見つからないスマホの所在を探すために、別の携帯から電話をかけてみたところ、突然天井裏からコール音が鳴りだして腰を抜かしそうになったという。

エアコンの上にはそもそも手が届かないし、もしもそんな場所にスマホを置いたとすれば、憶えていないはずがなかった。

そして天井裏に至っては、その家に住み始めてから一度も上がったことはない。

彼の住まいはマンションではなく、小ぶりの借家なのだが、もしかしたら自宅の中で見知らぬ誰かが生活しているのでは……と怖くなった。そこで、友人と一緒に家中を調べてみたのだが、天井裏にも床下にも誰かが隠れ住んでいる痕跡など何も見つからなかった。

誰かがやっているのではないとしたら、無意識のうちに自分がやっているのか？

だとしたら何が原因なのか？

そう考えた時、一番最初に思いついたのは、そのスマホ本体を疑ってみることだった。

つまり……そのスマホは曰くつきなのではないか？　ということである。

だから前の所有者も購入してすぐに手放したのでは……？

色々と考えたが埒が明かない。

スマホに何か曰く付きのデータが残っている可能性も考えてみたが、彼の手元に届いたスマホはしっかりと初期化され、工場出荷時の状態に戻されていた。

だから彼はそれほど期待もせずにそのスマホの内部データを確認し始めた。

するとすぐに奇妙なことに気が付いた。

彼自身はスマホで写真や動画を撮影することはほとんどなかった。

それなのに確認した画像フォルダにも動画フォルダにもファイルがぎっしりと並んでいた。

恐る恐るそのファイルの一つを開いてみる。

すると、その画像には彼の部屋の様子が写っていた。

彼が撮影した憶えのないリビングの画像が……。

それらを次々に確認していくと、説明のつかないも不可解なものが現れ始める。

リビングでテレビを見ている彼の後ろ姿が写った画像。

彼が寝ている顔を撮影した画像。

天井裏らしき暗闇を撮影した画像。

位置的にエアコンの上らしき高所から彼の横顔を撮影したものまであった。

彼は基本的に友達を家に入れることはしなかったし、彼女もおらず一人暮らしだった。

だとしたら、誰が彼の後ろ姿や横顔を撮影できるというのか？

彼は得体の知れない気持ち悪さを感じながら画像ファイルを移動していった。

すると、決定的なモノが写りこんでいた。

まるで自撮りするかのように顔を半分だけ出し、その背後には食事をしている彼の後ろ姿が写っている。

そんな画像が数枚続いた時点で彼はもう、次の画像を確認する勇気がなくなった。

動画も確認しなければ、と思っていたが絶対に視てはいけないという本能的な恐怖と予感が沸き起こり、何とか好奇心を抑えることができた。

彼はすぐにそのスマホを売りに出そうとリサイクルショップへ持ち込んだが、どれだけやっても内部ファイルが初期化できない、という理由で買い取りを断られた。

ネットオークションで売ってしまおうとも考えたが、「データが初期化できない」という説明文を付けたせいか、どれだけ価格を下げても売れないままだという。

いっこうに買い手が見つからず、現在でも手元にあるそのスマホを何とかして売ろうとスマホ内のデータを削除することに躍起になっているが、どんな方法を使ってもなぜかすべてのファイルが削除も初期化もできない状態なのだそうだ。

おまけに新しいスマホに買い替えて機種変更しようと試みても、長い時間待たされた挙句断られてしまい、もう考えられる手立てはないのだと嘆いた。

最近ではそのスマホに番号すら表示されない相手から電話がかかってくることもあるという。電話に出ても相手はただクスクスと笑っているだけで、女性であるということ以外、何もわからないそうだ。

死者の椅子

脇田さんはオカルト全般が趣味という三〇代の男性会社員。

UFO、UMA、心霊、都市伝説、占いなどしっかりとチャンネル登録をして、毎日更新された動画配信を楽しんでいる。

ただオカルトというものは外から見ているぐらいがちょうどいいのかもしれない。

友達と一緒に、遊びで昼間の心霊スポットに出かける行為がギリギリ……。

深夜に一人で心霊スポットに踏み込もうものなら、命に関わる場合もあるのだ。

脇田さん曰く、きっかけはもっと身近にオカルトを実感したかっただけなのだという。

最近は呪物の類いもネットで簡単に購入できるようで、最初は彼もそんな中から安価に買える紛い物を買っては悦に入っていただけだった。

しかし、ネットの掲示板に「あげます」というコーナーがあり、その中に「新品同様の椅子差し上げます」という投稿を見つけすぐに連絡を取った。

最新型のゲームチェアーが新品同様の状態で無料で手に入る。

こんな投稿ならさぞかし競争倍率も高いだろうと思ってしまうが、どうやらその投稿に連絡したのは彼一人だけだったそうだ。

理由は簡単。

そこには椅子の画像数枚の下部にこんな説明文が付けられていた。

これは亡くなった息子がほんの数日使っていた椅子になります。

息子はこの椅子に座った状態で自ら命を絶ちましたが、椅子には傷も汚れもございません。

このまま置いておくのも辛いですし、どなたか貰っていただけませんか?

ちなみに死因は一酸化炭素中毒死です。

どうか息子の分までこの椅子を愛用してあげてください。

普通の神経ならばこんな椅子を誰かに譲ろうとは思わないし、もしも処分に困り誰かに移譲しようと思ったならば、息子さんの自殺のことなど絶対に書かないはずだ。

だからこの投稿を見た者は皆、出品者の抱える闇にぞっとし、同時に本当にその椅子がヤバい物だと悟ったに違いない。

しかし、彼はそうは思わなかったそうだ。

自殺した椅子＝一級品の呪物。

それが無料で手に入れられるのならこんなにラッキーなことはない！

そう考えたそうだ。

まあ、それに関しては俺も過去に同じような過ちを犯しているのだから、これ以上何も言うことはない。

しかし、その椅子を手に入れたために彼は人生そのものを大きく狂わされてしまったようだ。

その椅子は送り主不詳のまま彼の元へ送り届けられた。

しかも、送料まで送り主の負担という形で。

彼はそれを「何という親切な出品者だろうか！」と称賛したが、梱包を少しずつ剥がしていき、中身の椅子を取り出していくと喜びは冷や汗へと変わっていった。

梱包材には分厚い防音材が使われておりそれをテープではなく針金で固定してあった。

おまけに内側には木製の板が貼られていて、そこにお札や護符のような物が無数に張り巡らされている。そしてようやく取り出したゲームチェアーには何重にもしめ縄が張り巡らされており、寸分動かないように固定されていた。

たかが一脚の椅子を送るだけでここまでの梱包が必要なはずがない。

そして椅子本体にも説明と違う部分が多く存在した。

椅子の座面に点々と落ちている赤黒い染み……。

それは彼の目からしても、血の痕にしか見えなかったし、椅子の取っ手部分には引っ掻いたような無数の傷痕と赤黒い染みがあった。

出品画像に添えてあった説明書きからして、自殺したという息子が苦しみながら爪で椅子の取っ手を掻きむしり、爪が剥がれて血が流れた、という想像しか浮かばない。

普通ならばそんな椅子はすぐに返品……できないにしても廃棄するのが当たり前だと思う。

しかし、彼はそんな椅子の様子を見て冷や汗を流しながらも、これはもしかしたら僕が初めて手に入れられた本物の呪物かもしれない！　と興奮を抑えきれなかったようだ。

もしかしたら、その時点で彼はもう呪物に取り込まれていたのかもしれないが……。

彼はその椅子を部屋に飾っておくのではなく、パソコンを使用する時の椅子として愛用することにした。

彼もネットの対戦型ゲームが趣味だったようで、実は本当にゲームチェアーを欲しいと思っていたようだ。

いざその椅子に座ってゲームをしてみると、明らかに自分の腕前が上がったように感じたという。

うまく言えないが、自分が自分でないような感覚に陥った。

それまではゲーム好きと言っても、そこまで深くのめりこむことはなかったのに、椅子を買ってからはとり憑かれたようにゲームをしてしまう。

時が経つのも忘れてゲームに没頭し、ゲームをしている時だけたまらない幸福感を覚えた。

やがて仕事も休みがちになり、とうとう会社を解雇されてしまう。

それでも彼は何ら後悔は感じなかった。

変化は、ゲーム以外にも訪れた。

それまで自殺したいという願望や衝動を抱いたことなど一度としてなかった彼が、その椅子に座っていると、無意識にネットで自殺について検索してしまうようになった。

気が付くと、どの死に方が一番楽か？　などと考えている自分に気付き、ハッとすることもしばしばだった。

ある夜、いつものようにネットの対戦ゲームをしていた彼は、そろそろ寝なくてはと思い立ち、ゲームを終了させようとした——と、途端に体が硬直し、ピクリとも動かなくなった。

まるで背後から誰かに羽交い絞めされているかのような感覚だった。

その時は何とかマウスを操作してパソコンの電源を落とすことができたそうだが、パソコンの電源が落ちると同時に彼の体にも自由が戻ったという。

それからも幾度となく彼は同じような金縛りに襲われた。

普通ならぞっとしないが、彼にとって金縛りはワクワクできるオカルト的勲章だったようで、同じようなオカルトマニアに自慢できる体験でしかなかったようだ。

しかし、そんなことを繰り返しているうちに、彼の心と体は確実に侵食されていった。

まず、体重ががくんと落ちた。

どんどんやせ細っていく息子のことを心配して両親は病院へ連れて行ったが、体のどこにも異常はなく、それでは、と受診した精神科でも異常は認められなかった。

どんどんやせ細り病的な顔つきになっていく彼は、その頃から特に自殺に興味を持ち始めて自分でも実践してしまうようになっていた。

タオルに自分の首を当てて強めに吊ってみる。

浴槽の中で限界ギリギリまで息を止めてみる。

カッターナイフを手首に当て、刃を立てて動かす。

少しだけ高い処から飛び降りてみる。

最初はお遊び程度のモノだったが徐々にエスカレートしていき、彼は何度か手首を切って病院へと搬送され、ビルの二階から飛び降りた時には骨折して救急搬送された。

また睡眠薬も何処からか入手して、少しずつ飲む量を増やしていき、その自殺未遂でも彼は病院へ緊急搬送されている。

そのたびに、どうして自分が自殺なんかしてしまったんだろう？と真剣に悩むのだが、またその椅子に座ってしまうと気が付いた時には自殺未遂を起こしているという状況が続いたという。

そんな彼に対して両親は精神科に入れるのではなく、自宅の庭にプレハブ小屋を作ってその中で彼を監視しながら一緒に暮らすという方法を選択したそうだ。

それなら近所にも変に思われることもなかったし、監視カメラを設置することで彼の自殺を防止できると考えたそうだ。

だが、結論から言わせてもらえばそれらはすべて徒労に終わった。

部屋の中に火をつけた彼は、消防が彼を助け出すまでの間に体のかなりの部分を火傷してしまった。

皮膚が炭化した部分もあったが、懸命な医療処置で何とか一命はとりとめた。

しかし、その容姿は二度と人前に出られないようなものになってしまった。

耳も鼻もすべて焼け落ちた彼が笑っているのを見て消防隊員は絶句していたそうだ。

はたして、不可思議なことが三つ存在する。

一つは彼が部屋に放火した時、監視カメラに彼の姿は映ってはいなかった。

何も映らない真っ黒な画面からへらへらと笑う声だけが聞こえてきたそうで、母親はカメラ機器の故障かと思ってしまったという。

二つ目は、彼の部屋が全焼したにも拘らず、その椅子だけは全く燃えずにその部屋に残されていたということ。

最後の三つ目は、彼が部屋の中で火を放ち、煙が部屋の外から確認できるまでに不自然に長い時間が掛かっている点である。

単なるプレハブ造りの部屋なのだから火事になればすぐに煙が充満して外からも確認できそうなものだが、不思議と煙は漏れなかった。

何よりそれほどまで火が回り一酸化炭素が充満した部屋の中で、なぜ彼は意識も失わず、中毒にもならず、笑い続けていたのだろうか。

はたしてそんなことが人間にできるのだろうか？

すべては謎としか言えないが、どうやらその椅子にすべての原因があることだけは間違いないと感じている。

彼はつい先頃病院を退院し、放火の罪を償うために服役している。

件の椅子は両親に頼んで完全に壊したうえで廃棄してほしいと頼んであったそうなのだが、ある日忽然と家から姿を消していたそうだ。

その椅子が今何処にあるのか？

それがあなたの近くでないことを祈るばかりだ。

隣家

嶋田さんはその土地に引っ越してから既に一〇年以上になる。

結婚後、子供ができたことから思い切ってその土地に小さな一戸建てを建てて引っ越してきた。

当時はまだ古い町並みばかりが目立っていたその土地も次第に彼女と同じような若い世代が引っ越してきたことで新しい家々が増えていき、今では新興住宅地と呼ばれるほど整備され住みやすい街になった。

ただ以前から住んでいた人達もそれなりに残っており、モダンな家々と古い家々が混在する街並みはある意味とても不思議な光景に見える。

そんな彼女の家の隣りにも昔からの古い家がある。

元々は老夫婦が住んでいたが、夫が亡くなったのを機に二人の息子さんが同居するようになったらしい。

らしいとしか言えないのは隣家の住人とは接点がなく、話すこともなかったからである。そもそも隣家の住人は外部との接触を拒んでおり、仲が良い人など近所には一人もいなかった。

同居し始めた息子さん達も、年齢的には彼女よりかなり上で、いつも気難しそうな顔をしているのであえて話しかける気にはなれない。すれ違った際に社交辞令的な挨拶を交わす程度だ。

元々住んでいたお母さんに至っては、実のところ一度も見たことがなかった。ご近所の噂ではずっと入院しているらしいが、それも確かめたわけではない。

そんな訳でさして隣家に対する興味もなかったのだが、ある時、彼女は妙な違和感に気づいてしまった。

それは隣家の窓から一日中明かりが漏れているということだった。

それもぼんやりとした明かりではなく、明らかにすべての部屋の照明器具を点けているような感じであった。

夕方から朝まですべての部屋の明かりが点いており、それが昼間でも変わらなかった。

二四時間家中の電気を点けっ放しにしているのだから、さぞかし高額な電気料金を請求されているんだろうな、と余計な詮索までしてしまう。

そんなある朝、ちょうど指定場所のごみ当番が回ってきたのだが、その時のペアの相手が隣家の息子さんだった。

いつもは話しかけたりしない相手。

しかし、その時には家の明かりを点けっ放しにしている理由を知りたいという好奇心が勝ってしまった。

だから彼女はつい興味本位で聞いてしまった。

どうして一日中、家の明かりを点けていらっしゃるんですか？

電気料金が凄いことになっちゃいません？　と。

すると、その息子さんは少し驚いた顔をした後で、

「実はうちには幽霊が出るんですよ……。明かりを消すと必ず……。だから明かりを消せないんです……。やっぱり怖いですから……」

それだけ言うと息子さんは完全に黙り込んでしまい、それ以上は何を聞いてもそのことについて話してくれなくなった。

それ以後、彼女は悶々とした日々を送ることになった。

隣家とはいえ、あくまで他人の家で起きている怪異。

本来ならばこれ以上立ち入るべきではないだろう。

しかし怪異となれば話は別だった。

確かに他人の家で起こっている怪異なのだが、それはすぐ隣の家、数メートルも離れていない隣家で起きている怪異なのだ。我が家に飛び火でもされてはたまらない……。

このまま放置しておくのも心配だ……。

そう考えた彼女は、暇さえあれば隣家の窓をチェックするようになった。

そんなことをするのはきっと彼女が私のブログの読者であり、それゆえに怪異に対して恐怖心よりも好奇心が勝ってしまうタイプの人間だったからなのかもしれない。

そして数日後、彼女の努力（？）が実ったのか、偶然視線を向けた隣家の二階の窓に、彼女は不思議なモノを目視してしまう。

カーテンが閉じられた窓、その窓とカーテンの間に老婆が立っていた。

とても背が高い老婆だと思ったが、すぐにそうではないと気付いた。背が高いのではなく、宙に浮いているのだ。

ガリガリに痩せた老婆はしばらくぼんやりと彼女に視線を向けていたが、ふいにカッと目を見開くと血走った目で彼女を睨みつけた。

それを見た彼女は大きな悲鳴を上げてその場にうずくまった。

震えて歯の根が合わず、ガチガチと音を立てた。

しばらくしてそうして、ようやっと少し落ち着いた彼女はうずくまったまま手を伸ばしてカーテンを閉めた。

そして上体を伏せたままゆっくりと窓から離れ、階段を下りて一階のリビングに行き一息ついた。

好奇心いっぱいの彼女はそれまで怪異に興味があり、叶うことならば実際に自分の目で幽霊というものを見てみたいと思っていた。

確かに怖いモノとして認識していた幽霊だが、怪談を読んだり聴いたりすると、どうして自分には幽霊が見られないのだろうかと本気でがっかりしていた。

いつか絶対に幽霊を自分の目で見てやろうと思っていたし、その時にもきっと冷静でいられるはずだ、と確信していた。

しかし今しがたリアルに見てしまった老婆の幽霊は、彼女の予想を遥かに超えて恐ろしいモノだった。

何か見ているだけで、見られているだけで魂が吸い取られてしまうような、そんな命の危険すら感じてしまった。

その夜、帰宅した家族にその話をしてみたが、案の定誰も信じてはくれなかった。

それどころか、あまり変なことに首を突っ込むんじゃない！　と窘《たしな》められる始末。

彼女とて、もう二度とあんなモノは見たくはなかったから、そのまま忘れてしまおうと心に決めた。

が、翌日、彼女の家に回覧板が回ってきた。

それは、隣家の母親が亡くなったことを伝えるもので、通夜と葬儀の日時が記されていた。

彼女はそれを見て、ピンときた。

昨日見た老婆の幽霊は、隣家の母親の幽霊だったにちがいない……と。

しかし、隣家の息子はずっと以前から家に現れる幽霊を恐れていたわけだし、それで一日中家の明かりを消せなくなったのだ。もしそれが母親の幽霊だとしたら、まだ入院中で死んでもいないうちから化けて出てきたことになってしまう。つまり、生霊ということになるのだろうか……。どうしてもその点が不可解だった。

しかし、大変なのはそれからだった。

もう老婆の霊を見たことなど忘れてしまえと思っていたのに、彼女は頻繁にその姿を見るようになってしまったのだ。

隣家を見てではない。

外を歩いていて、偶然視線を向けた先に老婆がいる。

買い物に行っても、車を運転していても、ちょっとした瞬間に老婆の姿が視界に入ってくる。

ある時などは洗濯物を干そうと、隣家とは反対側の窓を開けようとした瞬間、老婆が窓に顔をくっ付けるようにして家の中を覗き込んでいた。

台所で料理をしていても、窓のすりガラスの向こうに老婆がいて、じっとこちらを見つめている。それで窓を開けられなかったことも一度や二度ではなかった。

そんなある日、買い物から戻ってきた彼女は自宅の玄関の前に老婆が立っているのを見て愕然とした。

その瞬間、彼女は老婆の標的が隣家から自分の家に移ったことを確信し、慄然とした。

恐怖で体中が震え、手から滑り落ちたスーパーの袋もろとも、膝から崩れ落ちていた。

——幽霊を見たいなどと思わなければ良かった。

心の底から後悔したが、既にそうなってしまった以上仕方ない。今からできる行動を起こすしか残された術はなかった。

彼女はまず真剣に家族に事情を説明し、夫と二人で隣家に伺った。

そして、二人の息子さんに、

「お母さまを何とかしてください！　お願いですから、うちまで巻き込まないでください！」

そう強い口調で言い募った。

怪訝な顔をしている二人の息子さんたちに事情を詳しく説明すると、彼らははっきりとこう言ったそうだ。

「何を言っているのかわかりません。うちの母親はまだ生きてますよ？　かなりの高齢ではありますけど、まだまだ元気ですし、来月には退院してきます。だから、何かの勘違いなんじゃないですかね？」

それを聞いた時の彼女のショックは相当なものだった。

母親の幽霊だと思っていたモノは全く別の何かだった。

つまり息子さんに母親の幽霊を説得してもらうという当てが消えてしまった。

それから何も手立てはなくなり、家の中にまで老婆が現れるようになった。

今度は彼女だけでなく、夫を含めた家族全員がそれを見ている。

おまけに家中に気味の悪い声が聞こえたり、真夜中にドタドタと廊下を走り回ったり、物が落ちて割れるといった怪異までが起こり始めた。

そんなある日、隣家の息子さんが彼女の家を訪ねてきた。

なんと、入院していた母親を伴ってである。

初めて見た隣家の母親は、顔も体つきも明らかに彼女や家族が見ていた老婆とは別人だった。

その後、神主や霊能者といわれる人達にお祓いや除霊を何度も行ってもらったが、一向に怪異が解消されることはなく、それから半年も経たずに彼女の家族はその家から引っ越して近くの中古住宅に移り住んだ。

今のところ、引っ越し先で怪異は発生していないそうなのだが、実はもう一つ不思議なことがわかったのだという。

隣家の母親の訃報を知らせる回覧板は、彼女の家族全員がはっきりと確認し、記憶しているのだが、近所の住人は誰一人としてそんな回覧板を見た憶えがないのだそうだ。

思えば、彼女の家が老婆の霊に悩まされるようになってからというもの、隣家の家に明かりが灯り続けることはなくなっていた。彼女たち一家が家を出て行ってからもそれは変わらない。

やはり、隣家の息子たちが家中の明かりを点けっぱなしにするほど恐れていた幽霊というのは、あの老婆だったということだろうか。あれ以来、隣家の人間とは話していないので、真相は分からずじまいである。

やはり、隣家といえども下手な好奇心で怪異に首を突っ込むべきではなかったのだろう。結果的に老婆の霊に家から追い出された形になった彼女は、何とかして自分の家を取り戻そうと今も画策しているということだ。

道が見える

船田さんは神戸市に住んでいる四〇代の会社員。

神戸市と言えば俺も大学時代に住んでいたが、海と山に挟まれた平地に人口が密集しているという印象が強い。

そんな土地で彼は生まれ育ち、地元の企業に就職した。

仕事の出張で県外に行くことも多いが、やはり地元に帰って来ると何かホッとした気分になるそうだ。

そんな彼は現在、独身の一人暮らし。

結婚したが結局子宝には恵まれず、夫婦仲良く暮らしていこうと思っていた矢先に奥さんを病気で亡くされている。

小さいながらも一戸建ての家に彼は一人で暮らしているのだ。

そんな彼は昨年の秋頃から不思議なものを見てしまうようになった。

彼の家は国道二号線から少し山間に入った場所に建てられている。

そんな彼の家の二階の窓からある日、それまでは気付かなかった新しい道が山のほうへと続いているのを発見した。

確かに毎日二階の窓から山を眺めていた訳ではなかったが、突如として現れた道に彼は驚くしかなかった。

その道は彼の家から四〇〇メートルほど山へ向かった場所に見えた。

道幅は二車線くらいはありそうな大きさで、きちんと舗装されており、それが山の頂上に向かってまっすぐに延びていた。

驚きはしたが、そんな道ができているのだとしたら便利なことこの上ない。

彼は早速車でその道を見つけに出かけた。

しかし、どれだけ探してもその道へと辿り着けない。

道の下側部分は家々が邪魔で確認できなかったがそれでも方向があってさえいれば道へと辿り着けると思うのだが、どれだけ探しても新しい道など何処にも見つからない。

仕方なく、車ではなく徒歩でうろうろと探し回ってみたが結果は同じだった。

近所で顔見知りの人達にも聞いてみたが、誰もそんな新しい道ができたことなど知らない。それどころか、もっと想定外のことがわかってしまったという。

それは、その道が彼自身にしか見えていない、ということだった。

彼の二階の窓からはっきりと見えているその道は、他の人達には全く見えていなかった。

市役所に問い合わせても、ネットの地図で確認してもやはり同じ。

彼は本気で悩んでしまった。

どうしてその道が自分だけに見えているのだろうか……と。

それから彼は仕事から帰宅した夜も、休みの日も、暇さえあればその道をぼんやりと観察することが多くなった。

そんなある日、彼は道を上っていく人間の姿を見てしまう。

それまでは道を人が歩いていたり車が走っていたりするのを目撃したことはなかった。

しかし、その時には大勢の人達が整然と列をなし、ゆっくりとその道を上っている姿が確認できた。

昼間だったので、大人や老人、子供、性別に関係なく連なって上がっていることがはっきりと見て取れたという。

ある時、会社でその話をしてみると、同僚から、

「もしかしてそれ、霊道ってやつじゃないですか？」

と言われたという。

言われてみれば確かにと思う。見えているのに、いざ行くと見つけられない道。

誰もが見えるわけではない道。

なぜ彼だけに見えるのかは別にして、霊道ということならば確かに納得できた。

それから彼はできるだけその道の方角を見ないように心掛けた。

もしも本当に霊道なのだとしたら、やはりそれは生きている人間が見てよいものではないように思ったからだ。

しかし、ある日曜日の午後、彼は誰かが自分の名前を呼んでいるのに気が付いた。

ヘッドフォンをかけて映画を観ていたのだが、まるで頭の中に直接響いてくるようにはっきりと声が聞こえた。

声は間違いなく彼の名前を呼んでおり、その声も決して忘れられない調べだった。

慌てて二階へと駆け上がり、しばらく見ることをやめていた窓の外を見る。

すると、以前と変わらずあの道が見え、そこから誰かが手を振って彼の名前を呼んでい

るのが見えた。

それは間違いなく、病死した奥さんの姿だったそうだ。

不思議なことに、その時に限って道は家々に邪魔されることなく、まっすぐに彼の家へと延びていた。

まるでここまで上ってこいと、誘っているかのように。

確かに顔も声も亡くなった奥さんにそっくりである。

しかし、手の振り方、表情、そして雰囲気……それらから説明のできない違和感を覚えた。

あれは本当に妻なんだろうか？

どうして僕に手を振っているんだろうか……。

こっちに来い、とでも言いたいのか？

いや、違う……あれは絶対に妻じゃない！

そんな考えが頭の中をぐるぐると回り、彼は惑わされそうな自分を抑えるように布団の中に潜り込み、両手で耳を塞いでいたという。

もうやめてくれ！

顔を涙でぐちゃぐちゃにしながら、心の中で何度も何度も叫び続ける。

彼はそのまま眠りに落ちてしまったらしく、気が付いた時にはもう彼を呼ぶ声は聞こえなくなっていた。

そして、見えていたはずの道は、跡形もなく消えていたのだという。


彼は最後にこう話してくれた。


実は妻が死んでから何度も後追い自殺をしようと考えました。

だから、あの時手を振っていたのが本当の妻だったなら、きっとあの道をついて行っただろうと思います。

でも、本能的にあれは妻じゃないと感じました。

どうして四〇〇メートルくらい離れた場所にいる人間の顔や表情から、そんな細かい違和感を感じ取れたのかと聞かれれば、うまく説明できませんけど……。

でも、最近はまた悩まされてます。

毎日ではありませんけど、あの道がはっきりと見えてしまう日があるんです。

そんな時、道はまっすぐに僕の家まで続いていて、妻らしき何かがこちらに向かって手を振ってくるんです。

最近、そんな妻の距離がどんどん僕の家へと近づいているんです。

僕はどうなってしまうんですかね？

やはり連れていかれるんでしょうか……？　と。

残夢

高城さんは大学を卒業してから十数年の間、とあるメーカーで営業職をしていたが、ある映画を観てからというものバックパッカー的な生き方に憧れてしまった。

当時はまだ独身だったこともあり、それからしばらくして本当に会社を退職し、それまでに貯めた貯金を元手に世界中を旅して回ることにしたのだという。

彼はバックパッカーの美学として、できるだけお金を掛けないことを心掛けて世界中を旅して回った。

治安の悪い国や寒い国、暑い国、本当に様々な国を回ったが、その時の辛い思い出も今となっては人生の糧になっているのだそうだ。

そんな彼だったが実は一度だけ危険というよりも怪異と呼べるような体験をしたことがあるそうだ。

それはタイを旅していた時の話。

基本的にタイは中心地を離れてしまえば何もなく、何処までも田舎の風景が続いている。

そこに住んでいる人達も皆優しい人ばかりで、田舎の風景と相まってどこか昔の日本を彷彿とさせるのどかな雰囲気があった。

それで彼のほうに油断があったのかと言えば、そんなことはなかった。

バックパッカーとしてありとあらゆる苦難を経験してきた彼は、どんな土地に行ったとしても決して心のセキュリティレベルを下げるようなことはしなかった。

それでは、いったいどんな怪異を経験したというのか？

その時彼はレンタルバイクでタイの田舎を回る旅を続けていたのだが、彼は常にその日泊まる宿を前もって予約するようなことはしなかった。

万が一、その日泊まれる宿が見つからなかったとしても、寝袋に包まって木陰で眠ればいい。それこそがバックパッカーとしての真骨頂だという考えを持っていた。

ただ、その時ばかりは少し無茶をしすぎたのかもしれない。

綺麗な花が道端に咲き誇っている田舎道をバイクで走っていた彼は、どこまでも続く同じ景色に、この道はいったいどこまで続いているのだろうか？　という好奇心を抱いてしまった。

特に明日の予定が決まっている訳でもなく、彼にしてみればそんなくだらない好奇心の追求こそが一人旅の楽しみになっていた。

最初は舗装されていた道は次第に土を固めただけの道になり、やがてそれは砂利道に変わった。

それでも前に進むことを止めなかった彼は、いつしか自分が細すぎる山道を走っていることに気づく。

かれこれ一時間以上、車はおろかバイクや自転車、人の姿さえも目にしていない。

そろそろ引き返さないとヤバいかな……。

そう思って一度バイクを道端に停めて辺りを見渡した。

山道からは遥か彼方までタイの田舎の景色が広がっていたが、なぜかそこには村や車といったあって当たり前の物が何も存在していないことに愕然とした。

延々と何処までも続く手つかずの原生林。

まるで原始時代にでも迷い込んだみたいだな……。

うっすらと怖い気持ちになった彼は再びバイクに跨ると、元来た道を戻ろうと向きを変えたところで、バイクのエンジンがかからなくなっていることに気が付いた。

さすがの彼もこれには動転した。

ここで野宿は絶対に避けたかった。

タイにもクマが生息しているし、原生林のど真ん中でテントも張らずに寝袋だけで転がるのは、自殺行為以外の何ものでもなかった。ここまで村はおろか人影すら見あたらなかったのだから、万が一の事態が起きても、誰にも助けを求められないだろう。

彼は何とかしてその場所から帰る方法を模索し始めた。

そんな時だった。

突然、彼の視界の奥にぼんやりと家らしきものが映ったという。

先ほど見た時にはそんな家など目に留まらなかった。

しかし、その時の彼の視界には紛れもなく土と木で造られた家屋らしきものが遠くにはっきりと映っていた。

考えるより先に体が動き出していた。

あれが家で、誰かが住んでいるのだとしたら今夜泊めてもらえるかもしれない。

太陽は傾き、既に夕暮れが迫っていた。

他に選択肢はなかった。

一縷の望みをかけ、灯りに向かってバイクを押して歩いていくと、一〇〇メートルと離れていない場所にやはり建物があった。

塗り固められた土壁と竹細工のような木の壁を組み合わせて建てられているその家には「Villa《ヴィラ》」と書かれていた。

ヴィラとはタイの宿泊施設であり、一つ一つの部屋が離れになった造りのもの。

つまりはお金を払えば誰でも泊まれる、ということだ。

彼はようやくホッとして敷地内のオーナーの管理棟のような建物に近づいて行った。

中からは複数人の声が聞こえていた。

しかし、いざ建物の中に入ってみると、女性一人しかいない。

先ほどまで三〜四人の声が聞こえていた気がしたのだが……。

しかし、そんなことはどうでも良かったので、彼はすぐに一晩泊まりたいのだが部屋は空いてますか？　と片言のタイ語で話しかけた。

すると、その女性は流暢な英語で喋りだした。

こんな山奥だから英語は通じないだろうと思い、片言しか話せないタイ語で話しかけたのだが、予想外にも女性は彼以上に流暢な英語を話した。

ただ、その内容は少々変わっていた。

この村では客人はもてなし尽くさないといけないのがしきたりです。

ですから、一泊では受け付けておりません。

しっかりとおもてなしをするために二泊、明後日の朝まで泊まってもらいたいのです。

そうしないと私たちはご先祖さまや神様から怒られてしまいます。

その条件を受け入れてくれるのなら歓迎いたします。

そう言って二泊というのにとてつもなく安価な宿代を提示してきたという。

ただでさえ困っていたところに、こんなありがたい条件を断る理由はない。レンタルバイクの延滞金は取られるかもしれないが、それよりもその宿に泊まって現地のもてなしというものを体験することのほうが魅力的だった。

そもそも地元民と本当の意味で触れ合いたいがためにバックパッカーという旅行をしているのだ。街なかではなく、こんな山奥のヴィラで地元民のもてなしを受けながら連泊できるなど願ってもないことだった。

彼が二つ返事で了承すると、女性は喜んでそのまま彼を一番奥の建物へと案内した。

いくつかの建物が離れとして建っていたが、その中でも一番立派な建物だった。

そして、この部屋をお使いください、というとその女性はそのまま去っていった。

中に入ってみると、こんな山奥にも拘らず、ベッドなどの調度品はとても豪華だった。

しばらくベッドに寝転んで寛いでいると、先ほどの女性が夕飯ができたからと彼を呼びに来た。ちょうど腹も空いてきた頃だったので、ほくほくと女性の後について部屋を出ようとして、ふとドアに目を留めた。

ドアの外にはカギがあるのだが、内部からかけられるカギが見当たらない……。

それが少し引っかかったが、その時はあまり深く考えなかったという。

食堂へ案内されると、四人の男達が待ち構えて彼を歓迎してくれた。

驚いたことに、夕飯として用意された料理はすべて豪華で美味しく、何より食べきれないほどに大量だった。

彼は美味しく食べ始めたが、その間、四人の男と案内してくれた女性が何も言わずに彼が食べる様子を見つめていたのが少々気まずかったそうだ。

そして、さすがに大量すぎる御馳走に、残りは明日の朝食で食べたいと申し出たところ、その場で見ていた全員が真顔で首を横に振った。

「この土地では出された料理はすべて食べないといけません。それがルールです」

と言ってきた。一歩も譲らない様子の五人に、仕方なく彼は無理やりそれらの料理を完食した。

動けなくなるほど食べた彼は部屋に帰って呆然としていたが、きっとこれもあの人達のもてなしの形なのだろうと無理やり自分を納得させたという。

だが、そんな状態は翌日の朝食や昼食でも続いた。

別に食べ過ぎて太るのは構わなかったが、さすがにこれだけ大量の料理を立て続けに食べたことがなかった彼は、食べ過ぎのせいか、体の動きが鈍くなってきていることに気が付いた。

その頃からだった。

彼が真剣にこの宿の不自然さに気付き始めたのは……。

料理には肉と炭水化物ばかりが並んでいた。

そして、食べた後には必ず睡魔と脱力感が襲ってきた。

さらに奇妙なことはそれ以外にもあった。

食事の時以外には寝ることとシャワーを浴びることばかりを強要された。

寝ないと体が大きくならない。

シャワーを浴びないと汚くなる。

言っている意味はわからなかったが、当初の彼はそれらを彼らのおもてなしなのだと好意的に捉えていた。

しかし視方を変えた時、彼の脳裏には、まさかな……いや、もしかしたら……という考えが浮かんできたという。

似たような話が童話やおとぎ話になかっただろうか。それも怖い話の……。

恐怖に頭が冴えてきた彼は、夕方になってからこっそりと部屋を抜け出した。

部屋には外からカギがかけられており、仕方なく彼は小さな窓から無理やり部屋の外へ出た。

そして、足音を忍ばせて食堂へと向かったという。

食堂にはいつも五人が揃っていた。

いや、考えてみれば食堂以外で五人の姿を見たことなどなかった。

もしかしたら何か秘密を盗み聞きできるのではないか？

そう思ったという。

そして、彼の推測通り、確かに五人はいつもの食堂にいた。

しかし、何も話を聞くことはできなかった。

彼ら五人は黙ったまま大きな鉈や包丁のようなものをシュッシュッと一心不乱に、そして満面の笑顔で研いでいた。

それが彼には、ようやく我慢した御馳走にありつけるという、喜びの表情にしか見えなかった。

彼はガクガクして力が入らなくなった足でヨタヨタと部屋に戻ると急いで荷物を持って部屋から逃げ出した。

いつ気付かれるか？

いつ追いかけてくるか？

いつ見つかってしまうのか？

そんな恐怖で生きた心地がしなかった。

そして、案の定、彼が逃げ出してから五分ほど経つと遠くからガヤガヤと人が大騒ぎする声が聞こえてきた。

その声はまるで彼がどの方角へ逃げているのかを知っているかのようにどんどんと近づ

いてくる。

彼はもう逃げきれないと思い、できるだけ高い木の上で身を隠した。もう日没だ。暗闇の中ならもしかしたらやり過ごせるのではないか？

そう考えて。

しかし、木の上で体を硬直させていた彼の耳元で、あの女性の声が聞こえたかと思った瞬間、彼の首にはこれまで経験したことのない冷たい感触と例えようのないほどの激痛が走っていた。目の前に長く伸び切った女の顔が浮かび上がったのを見たのを最後に、彼はそのまま意識を失った。

次に彼が目を覚ましたのはタイの病院のベッドの上だった。

地元民に倒れているのを発見された彼は、そのまま病院へと搬送されたのだと聞かされた。

その時、彼の身の回りに荷物は一切残されてはいなかった。

その後、大使館を通じて警察に連絡がいき、彼は警察に同伴してもう一度その場所を訪れることになった。

確かに倒れている彼が発見されたという場所は彼がバイクで迷い込んだ場所に他なら

かった。

彼が乗ってきたバイクもそこに置き去りにされていたのだから。

しかし肝心のヴィラはおろか、建物らしきものは何一つ見つけられなかった。

ヴィラの建物はすべてが土壁を塗り固められたもので、そんなに短期間のうちに存在の痕跡を消すことは不可能と言わざるを得なかった。

ただ、彼がそのヴィラに迷い込んでから発見されるまでには五日間という時間が経過しており、その間、彼は確かに丸々と太ってしまっていた。

そして、現在でも首には刃物でつけられたような傷跡が薄っすらと残っており、全く消える気配がないそうだ。


まるでおとぎ話でしょう？

でもあいつらは最初から僕を食べるために泊まらせたんだと思っています。

たくさん食べさせて丸々と太らせてから食べようと思って。

確かに生きている人間の仕業ではないのかもしれませんが、きっと大昔にはそんな種族があの場所で暮らしていたのかもしれない。

今はとにかく早く首の傷跡が消えてくれるのを神様に祈る日々です。

ただ、傷跡は薄くなるどころか、どんどん濃くなっていってるようにしか見えないんですけどね……。

彼は最後に、生気のない声でそう呟いた。

近づいてくる

木崎さんは所謂「便利屋」という仕事をしている。

引っ越しの手伝いから庭掃除、買い物まで頼まれれば何でも代行するという類の仕事なのだが、個人で小遣い稼ぎにしている訳ではなく、あくまで「便利屋」という業種の会社に勤務しているのだという。

ある意味、体力勝負の仕事であり、初めて経験することばかりなので大変な面も多いそうだが、様々な仕事に試行錯誤でトライし、何とかやり遂げた時の達成感は格別なものなのだそうだ。

そんな木崎さんにはFさんという先輩がいる。

Fさんは霊感が強く、オカルトが好きな木崎さんにとっては一緒に居て退屈したことのない貴重な存在であった。

その日はF先輩と一緒に指定された地域の家々のポストにチラシを入れて回るポスティングという仕事をやることになった。

ポストへのチラシ配りなら既に何度も経験があったし、Fさんと共同の作業ということで心の中ではワクワクしていた。

車で少しずつ移動しながらその辺り一帯の家々を徒歩で回る。

チラシも大量の部数を抱えながらだとかなり重く、さらにポストがわかりにくかったり空き家と区別もつかない家もあり、予想以上に手間取ったが、午後二時頃にはすべてのチラシを配り終え、後は会社に戻る夕方まで車内で時間調整することになった。

暑い時期ということもあり、木崎さんは車を国民宿舎の駐車場の木陰に停め、クーラーの効いた車内で昼寝をすることにした。

助手席にはFさんが座っていたが、そもそもFさんは与えられた仕事は確実にこなすが、余った時間はのんびり自由に過ごすというタイプの人間だったし、むやみに先輩風を吹かせるタイプでもなかったことから木崎さんも安心して昼寝をすることにしたのだという。

そしてFさんはと言えば、時間が余った時は昼寝をせずにスマホで読書にふけるという趣向だった。

昼寝をしてしまうと夜寝られなくなるからだと言うが、そんなFさんに甘えて、木崎さんは何も気にせず眠りに就くことができた。

暑い街中を徒歩で歩き回っていたのだから体力の消耗も激しく、すぐに木崎さんは眠りに落ちた。

いったいどれくらいの時間、眠っていただろうか？

突然大きく体を揺さぶられて木崎さんは目を覚ました。

寝ぼけまなこを擦りながら体を起こすと、何やら顔を引き攣らせたFさんが木崎さんの顔を不安げに覗き込んでいた。

「えっ、どうしました？　まだ帰社するには早すぎるでしょ？」

と声を掛けると、Fさんは引き攣った声でこう返してきた。

「おい、早くここを出よう！　すぐに車を出してくれ！」

寝起きにそんなことを言われた木崎さんは、

「起きたばっかりなのに無理ですよ……。もうちょっと待ってください、そのうちに目も覚めてくれると思いますから……。それにしても急にどうしたんですか？」

と返したらしいのだが、いつもは温厚なFさんがその時ばかりは様子が違い、

「いいから早く出せ！　ここにいたら危ないんだよ！」

そう切羽詰まった声で言われ、木崎さんは渋々車をその場から移動させた。

そうして一〇分ほど走った頃。

「もう大丈夫だと思う……。さっきは怒鳴って悪かったな……この辺ならもう停めていいぞ！」

といつもの落ち着いた声で言われた木崎さんは、ほっとして近くのコンビニの駐車場に車を滑り込ませた。

「先輩、さっきはいったい何かあったんですか？　もう訳がわかんないですよ！」

ひと言文句を言ってみると、Fさんはゆっくりと喋りはじめた。

「あのさ……俺はお前が寝てからもずっとスマホで読書をしてたんだよ。いつものようにな……。しばらく夢中になって読んでいたらさ、何処からか刺すような視線を感じたんだ。

えっ、誰かに見られてるのか？　そう思って周りを探したんだ……。

そしたら女の子が一人、国民宿舎の窓からこっちをジーっと見てるのがわかったんだ。

まあそれだけなら俺もあんなに慌てたりしないんだけどさ。

その女の子がどんどん近づいてくるんだ。

最初に女の子の姿を見つけたのは三階の窓。

次に見た時にはもう二階の窓にいたんだ。

最初は夢でも見てるのか？　とも思ったんだけどどうやらそうじゃなかった。

俺が視線を外すたび、いや瞬きをするたびにその女の子は近づいてくるんだ。

三階、二階、一階……次に見た時には玄関口の自動ドアのところに立ってた。

瞬きに要する時間はせいぜい約〇・七五秒だって読んだことがある。

そんな短い間にその女の子は瞬間移動してるんだ。

もしかしたらこちらに近づいて来ているんじゃないのかもしれない、とも考えたよ。

でも、次にその女の子の姿を見た時、その考えは一瞬で吹き飛んだよ。

同時にその女の子の目的は俺達なんだって確信した。

自動ドアのところに立っていた女の子が次に見えたのは、俺達が停まっている駐車場の木の陰だった。

そしてとうとう次は、お前が座っている運転席の窓に貼りついてきた。

女の子がな……じーっと俺を見てるんだ。お前じゃなくて俺だけをな。

それくらい近くまで来ると余計なところまで見えちゃうだろ？

一目でわかるくらいぐっしょりと水分を吸った、クマのぬいぐるみを抱えてたよ。髪もベッタリと濡れていて、紫色に変色した唇がガクガクと震えていた。俺もなんとか瞬きしないようにしてたんだけどさ。次にその女の子がフロントガラスに貼りついてきたのを見て、もう無理だと思ったんだ。もうこの場所から逃げるしかないってな！あれからできるだけ瞬きはしないように必死で堪えてたけど、本当に我慢しきれたのかは自信がないんだ。この車の中に入って来ていなければいいんだけどな……」

そう言われて木崎さんも思わずぞっとしたそうだ。

そして、それからすぐに会社に戻るために車を走らせたが、なぜかいつもよりもエアコンの効きがよすぎるように感じた。

が、いまだ強張った顔で黙り込むFさんにはとても言えなかったそうだ。

本当はもう、女の子は車の中に乗り込んでいるんじゃないかという推測は……。

だが、あながち的外れな考えではなかったと木崎さんは考えている。

それに気付いたのは会社に戻り、Fさんが車から降りた時のことだった。

エアコンの効きが突然悪くなったのである。

そうだ、この車は元々エアコンの効きが悪かったのだと思い出した。

その後、Fさんが何を見てしまい、どんな怪異に遭遇したのかは聞いていない。

一方、どうしてもその女の子の正体を知りたかった木崎さんは、きっと国民宿舎の周辺に原因があるのではないかと考えた。

そこで、過去に起きた事故についてしつこく調べてみると、国民宿舎の屋外プールで何年か前に小学生の女の子が溺れてしまい、プールの底から発見された時には既に死亡していたという事故が発生していたことがわかった。

プールの底に設置されている排水口に足を吸い込まれてしまった悲惨な事故だった。

それからその屋外プールでは死人こそ出なかったが、事故が立て続けに起こり、その対策としてプールの監視員を倍増してからは事故は一切起こらなくなったそうだ。

そして、この話にはもう一つ別の怖さがある。

実は木崎さんは以前からその国民宿舎に幽霊が出るという噂は知っていたそうだ。プールの事故など背景までは知らなかったものの、心霊スポットだということはわかったうえで、駐車場に車を停めたのだという。

理由は一つ。

Fさんにならば、その女の子の幽霊が本当に見えるのではないか?
良い退屈しのぎになるのではないか?
そう思ったからだという。
どうやら一番タチが悪いのは女の子の幽霊でもFさんでもない。
木崎さんこそがその怪異を呼び込んだ元凶と言わざるを得ない。

行方不明者がいた場所

これはブログの読者さんから寄せられた話になる。

彼女が大学生の頃、両親が離婚した。

元々仲が良い夫婦とはお世辞にも言えなかったが、まさか本当に離婚してしまうとまでは思ってもいなかったらしく、母親から離婚という決定事項を聞かされた時、彼女はかなり動揺した。

それとは対照的に母親は離婚という決断を全く後悔している様子もなく、不思議に思えるくらいにいつも通りの感じだった。

夫婦なんてそんなもんなのかなぁ、と彼女は寂しく感じたそうだ。

両親の離婚後、彼女は母親と二人で生活することになった。

もっとも母親も正社員としての仕事を続けていたしそれまで住んでいた持ち家のローン

も完済していたから金銭面で困るということはなかった。

ただ母親と二人きりの生活がスタートした時、母親とある約束をした。

それは、

「何があっても約束だけは絶対に守る」

というものだった。

これからは二人きりで協力し合って生きていかなければいけないのだから、嘘は絶対につかないでおこう。

そういう意味だろうと彼女は理解したという。

実際、彼女は何度か嘘をついたことはあったようだが、母親は一度口にした約束だけは絶対に守ってくれたし、守れそうもない約束は絶対にしなかった。

しかし、ある出来事をきっかけに状況は一変してしまう。

それは離婚した父親が自殺したという報せを聞いた時からだった。

その一報を聞いた時、彼女はとても動揺し涙が止まらなくなった。

しかし、母親のことはそれほど心配してはいなかった。

父親の浮気と浪費がバレた末の離婚であったたし、何より母親にはもう未練など残っていないと思っていた。

しかし、その報せを聞いた時から母親は明らかにおかしくなった。

とにかく一人でいることが多くなり、気が付けば誰もいない空間を見つめながら一人で喋っていた。

そのうち仕事も休みがちになりやがて自宅療養するということで会社を長期離脱してしまう。

食欲もなくなり大好きだったお酒も全く飲まなくなった。

そうなると、さすがに彼女も心配になり、何度も母親に声をかけた。

「大丈夫？一人で遠くへ行かないでよ……」と。

そう言うと母親はいつも笑いながら、

「わかってるよ……約束だもんね……。お母さんは何があろうとあんたから離れて遠くに行ったりしないよ！」

そう返してくれていた。

そして、彼女の二七歳の誕生日の夜、自宅に帰ると母親が豪華な料理を作って待ってくれていた。

彼女が大好きな料理がたくさん並び、大きなケーキまでが用意されていた。

「どうしたの？　……こんなに。なんで今年の誕生日だけはこんなに豪華に祝ってくれるのよ？」

と聞くと、母親は満面の笑みで、

「なんかあんたが小さい頃の誕生日パーティーを再現してみたくなったのよ……。あの頃は本当楽しかったもんねぇ……」

と返してくれた。

そんな母親の姿を見て彼女も少し嬉しかったのだが、テーブルには彼女と母親の分の皿だけではなくもう一人分の皿も乗せられており、彼女にはそれが亡くなった父親の分なのだろうとすぐに理解できた。もっとも、それを母親に指摘することはできなかったが……。

楽しい誕生日の夜を過ごし、朝目覚めると母親の姿が消えていた。

母親の荷物やバッグ、財布、携帯などはいつもの場所に置かれたままになっていた。

彼女は家中をくまなく探した。

それでも見つからなかったので、母親が勤めている会社や友人、親戚などにも電話したが、どれだけ探しても母親の行方はわからなかった。

親戚や知人も彼女の家にやって来て慰めたりしてくれたが、言うことは皆同じだった。
「きっとお母さんは疲れちゃったんだと思うよ……」
「でも、万が一の時の覚悟だけはしておかなきゃね……」
というものだった。
皆が母親が自殺したと思っている……。
そう感じた時、彼女はなぜか悔しさのような気持ちを強く持ったという。
確かに母親は父親の自殺にショックを受け、疲弊していたのは彼女もわかっていた。
しかし、彼女には一つの確信があった。
母親が彼女との約束を守らなかったことはこれまで一度もなかった。
そして、母親は確かにこう言ったのだ。
お母さんは何があろうとあんたから離れて遠くになんか行かないから！　と。
たったそれだけのことだったが、彼女にとっては最後かつ絶対的な心の拠り所だった。
だから彼女は警察にも母親の捜索を依頼していた。
もしかしたら、何かの事件に巻き込まれたのかもしれない……。
そう思って。

しかし、それからどれだけ経っても母親の行方が判明することもなければ母親から連絡が入ることもなかった。

それでも彼女は母親の無事を信じてじっと待ち続けるしかなかった。

そして母親が行方不明になり半年以上が経過した頃、彼女は突然家の中に響き渡った、屋根の上に何かが落ちたような異音に目を覚ました。

知人に頼んで屋根の上を確認してもらったが、屋根には何かが落下したことによる傷も破損も見つからなかった。

しかし、天井裏で別のモノが見つかってしまった。

それは、腐乱して落下した遺体だった。

警察の現場検証と検死の結果、それは母親の遺体と判明した。

おそらくだが、母親は居なくなった日の朝に天井裏で首を吊って自殺していた。

本来ならば異臭が漂い、もっと早期に遺体が落下するはずだったが、なぜかその日まで遺体の首は繋がったまま縄から落下することがなかった。

奇しくもその日は彼女の父親の自殺体が発見された日と同じ六月一〇日だった。

彼女はその事実を知り、気が狂ったように泣き続けたが、やがて涙も枯れるとこう思うようになった。

きっとお母さんは死んでも私のそばから離れないように約束を守ってくれたんだ、と。

確かに彼女を残して自殺した母親を恨んだこともあったが、それでも最期まで一つの約束だけは守り通してくれたのだということが彼女の生きていく糧にもなった。


しかし、最近になって彼女は、もしかしたら母親が家の中で自殺したのはそういう意味ではないのかもしれないと思うようになったという。

彼女は最後にこう話してくれた。


私はそのまま家に住み続けているんですけどそれは仕方がないことなんです。

両親の思い出が詰まった家に住み続けるのは辛すぎて何度も引っ越そうとしたんですけれど、そのたびに酷い邪魔が入るんです。

まるで何かに呪われているかのように……。

だから、この家に住み続けるしかないんですけど、最近になってとっくに繋がっていないはずの母親の携帯が鳴るんです。

で、電話に出てみたら何かギシッギシッという音が聞こえてきて。

何この音？

と思うんですけどすぐに電話を切れず、なんだか心地よくなってきて……。

ああ、このまま自殺するのもいいのかな、って考えてる自分に気付いてハッと我に返るんです。

それに、毎晩何かが家の中を歩き回っている音も聞こえてしまって……。

もしかしたら両親が私を迎えに来ているのかもしれませんね。

母も父も、「家族はずっと一緒に居るのが一番だ！」といつも言っていたのを最近、思い出したんです。

息子の嫁

浜田さんは以前、運送会社の事務員として働いていた。

しかし自分の祖母が介護施設に入り最期を迎えた姿を見た彼女は一念発起して、介護の資格を取得して介護士として働いている。

自分の祖母だとしてもイラつくような場面でも介護士さん達が優しく献身的に接してくれている姿を見て、自分もそうなりたいと強く感じたのだという。

そんな彼女も介護施設で働き始めて既に一〇年以上が経過した。

そして、介護施設という場所では高齢の入所者が多いということもあり、人の死に際に立ち会う場面も多く、それゆえ怪異に遭遇することも多いのだそうだ。

宿直の際、死んだはずのおばあさんが食堂に立っていたり廊下で亡くなったお年寄りたちがぼそぼそと話していたりするのを見ることなどは日常茶飯事のようで、それに対して恐怖を抱くこともなく、当たり前のように捉えているという。

そんな彼女にも過去に一度だけ、説明のつかない気味の悪い出来事があったようだ。

それは今から五年ほど前の出来事。

彼女の勤務する介護施設に六〇歳過ぎという若さで入所してきた太田さんという男性がいた。

太田さんは奥さんに先立たれ、それ以後心労のためか持病が悪化してしまい、一人で生活することが困難になって入所してきた男性だった。

他の入所者よりも年齢的にはかなり若かったが、一人で歩くことも食事を摂ることもできない太田さんは、施設内のイベントに参加することも稀で、ほとんどの時間を個室のベッドで寝て過ごしていた。

だからといって施設内で浮いた存在という訳ではなく、人一倍明るく話し好きな性格は誰もに好かれ、他の入所者が入れ代わり立ち代わり彼の部屋へ遊びに来ていたし、世話をする介護士たちからも評判が良かった。

ただ、太田さんに面会にやって来る者は一人もいなかった。

親戚とも疎遠になっており、家族といえば三〇代の一人息子だけ。太田さんはいつもその一人息子が面会に来てくれるのを内心心待ちにしているように感じられた。

そんな彼の口癖は、

「息子はお堅い仕事に就いているからこんな父親には会いに来たくないんだろうな。だがあいつはまだ独身だから結婚相手が早く決まって挨拶に来てくれると嬉しいんだけどね」

そんな言葉だった。

彼はその介護施設に入所してからも少しずつ持病の悪化が進んでしまい、トイレに行くことはおろか起き上がることさえもできない状態で、完全に寝たきりの生活になってしまっていた。

日増しに以前の明るささえも失っていく彼に対し、職員たちは何とかして彼を元気づけ、生きる気力を取り戻してもらおうと懸命に努力した。

そんな矢先、介護施設に連絡が入った。

彼の息子さんが面会にやって来るというものだった。

しかも結婚前提の婚約者を連れて。

その事実を知り、一番喜んだのは太田さんであることは間違いないのだろうが、職員一同も太田さんの久しぶりの笑顔を見て、これがきっかけでまた太田さんに元気が戻ってくれれば、と大いに盛り上がったそうだ。

しかし、当日施設内は異様な雰囲気に包まれてしまう。

確かに息子さんは約束の日、約束の時刻にやって来た。

しかし、息子さんの横には婚約者の女性の姿がなかった。

いや、彼女には見えなかったというほうが正しいのかもしれない。

というのも、施設内にいた職員や入所者の何人かには、しっかりとその女性の姿が見えていたのだという。

そして、見えていた人は皆口を揃えてこう言った。

綺麗だけどとても冷たそうな、三〇歳くらいの女性だった、と。

そして、どうやらその女性の姿は太田さん本人にもしっかりと見えていたようだ。

息子さんとその女性が部屋に入って来るなり太田さんの顔は強張り、酷く怯えた表情で何も喋らなくなった。

そして、太田さんが言っていた通り、真面目そうな息子さんが結婚の許しを請うと、太田さんはつぶやくような小さな声で、

「そいつだけはやめてくれ……」

そう言ったそうだ。

その後、息子さんが帰ってからは施設内が大騒ぎになった。

息子さんは一人でやって来た……と言う者。

いや、ちゃんと婚約者の女性を連れて来ていた……と言う者。

意見は真っ二つに分かれていたが、息子さんが婚約者を同伴していたという目撃談は、一応「事実」として周知されることになった。証拠としては乏しいが、施設の職員が息子さんと婚約者の前に出したコーヒーはどちらもすべて飲み干され、空になっていた。

しかし、本当の怪異はそこから始まってしまう。

息子さんが面会に来た二日後、太田さんが部屋で亡くなっているのが見つかった。

職員がそれを伝えるために連絡を取ったところ、なんと息子さんまでもが急死していた事実が判明したのである。

さらにそれから半年余りの間に、入所者の突然死と職員の自殺が相次いだ。

その全員が息子さんがお見舞いに来た時、婚約者の女性の姿を目視していた人達ばかりだったそうだ。

ただの偶然として片づけるにはあまりにも無理があった。

現在、怪異は収まっている状態なのだが、浜田さんには気になっていることが一つある。

それは、その婚約者らしき女性を施設内で何度か目撃しているということだ。

息子さんがお見舞いに来た当日には彼女には何も見えなかったのだが、すべての怪異が収まった頃、唐突にその女性の姿が見えるようになったそうだ。

女性は入所者の個室のドアの前に立っており、声を掛けると霧のように消えてしまうそうなのだが、どうやらその姿を目撃しているのは彼女だけではないらしい。他の職員の中にも見た者がいるそうだ。

その女性が何のためにまだ施設内を彷徨《さまよ》っているのかはわからないが、その動きや振る舞いは到底人間とは考えられないものだという。

まだ死人が出るのではないか？

そして、自分もその女性を既に見てしまっている。

それが彼女には恐ろしくて仕方がないそうだ。

太田さんは息子の婚約者を見て「そいつ」と呼んだ。

息子の婚約者、いや初めて会った相手に対してそんな言葉を使うものだろうか？

太田さんいったい何を見ていたのか……真実は闇の中である。

死んだふり

死んだふりをする。

昔はクマに出会った時の対処法として実しやかに伝えられてきたが、現在では死んだフリをすれば逆にクマにとっては格好の餌とみなされるというのが常識になっている。

「ふり」というのは真似をするということ。

つまりは演技である。

そして演技というのは本当に奥深いものだと思う。

全くの別人格になりきって違和感なく観客を魅了する。

しかし、演技の中には死体の役というものも確かに存在する。

そして、それが真に迫っていればいるほど、それは危険と隣り合わせなのかもしれない。

今回はそんな話を書いてみようと思う。

これは働きながら劇団員の役者をしている知人から聞いた話になる。

劇団員をしている人には二通りのタイプがいるのではないだろうか。

一つはあくまで趣味として演劇に携わっていきたいと思っているタイプ。

そして、もう一つはすべてを投げ出しても役者になり、認められて成功したいと思っているタイプ。

そして、ここに書いていく彼は間違いなく後者のタイプだった。

すべてが役者としての時間を優先する。

演劇公演が近くなれば仕事などそっちのけで演技に没頭する。

確かに生で演劇舞台を観賞すると、その鬼気迫る迫力に圧倒されることがあるが、そもそも役者とはそういうものなのかもしれない。

だから彼は結婚もせず、バイトの仕事だけでなんとか生活していた。

本番が近づいて来ると自分が自分でなくなっていくような気持ちになるし、何より自分の夢のために誰かを犠牲にするのは絶対に避けたかったから。

その時も彼は次の公演に向けた演劇の稽古で忙しい日々を送っていた。

主役を張らせてもらったことはなかったが、常にそこそこの役どころを与えられていた彼がその時割り当てられていたのが死体の役だった。

殺された男が走馬灯のような思い出を思い浮かべながらついには生き返るという、難しい役どころだったと記憶している。

しかし奇妙で掴みどころのない役だからこそ役者としてのやる気に火が点いたのかもしれない。

彼はその舞台での演技にすべてを注いだ。

いつもよりも大きな会場での公演ということもあったのかも知れないが、それを加味しても彼の執着は相当なものだった。

朝早くから体力作りに励み、仕事もほどほどに役作りに没頭した。

午後からは参加できる役者が集まり、深夜まで舞台の練習を行ったが、初日から公演前日まで一日も休まずに練習に参加していたのは彼一人だった。

そうして迎えた舞台初日、彼はとても難しい役を見事に演じ切って喝采を浴びた。

彼はもう死んでも良いと思えるほどの高揚感を感じたそうだ。

そして、それが起こったのは公演最終日となる五日目の舞台。

いつものように演技として殺された彼はそのまま苦しそうに横たわり動かなくなった。

死人の役どころというのもかなり難しいそうでピクリとも動かず呼吸していることすら観客に悟らせないようにするのは至難の業。

しかし、その時の彼はまさに演技の神様が自分に舞い降りたのではないかと思ってしまうほど、神懸かっていた。

いつもならば苦しい死体の役が全く苦にならなかった。

体から無駄な力が完全に抜けてくれたし、自分でも呼吸していることを忘れてしまうような感覚だったそうだ。

そして、彼の人生の走馬灯が読み上げられた後、ゆっくりと目を開けて起き上がる。

その時、それは起こった。

ゆっくりと目を開けた彼はその場がいつもよりも暗いことに気が付いた。

顔を上げると舞台にいるはずの共演者の姿が見えない。

一方、観客席からはたくさんの観客がいることが伝わってきていたから、勝手な行動はとれなかった。

すると次の瞬間、彼は舞台に登場するはずのない黒ずくめの男達に抱えあげられたかと思うと、そのまま前方に置かれていた棺桶の中に静かに入れられた。
今回の舞台にそんな場面など存在していなかった。
だから彼はしばらくの間何が起こっているのか、全く理解できなかったという。
棺桶の蓋が閉められ、彼は真っ暗な狭い空間の中に閉じ込められてしまった。
しかし、観客の目に晒されない棺桶の中ならば動くことは可能だった。
それでも彼は動かなかったという。
あくまで自分は死体なのだ……。
しかも棺桶の中に入れられている。
ここで本物の死体の役、つまり死んだふりができなくて役者と言えるのか?
そんなおかしな思考の呪縛にはまっていた。
そうこうする間に、彼が入れられた棺桶はずるずるとどこかに引きずられていく。
それこそ延々と、舞台の幅など関係ないと言った感じで進んでいく。
どれくらいの時間、じっと死体のフリを続けていたのだろうか。
突然動きを止めた棺桶の外からは、何かがぱちぱちと燃える音が聞こえてきた。
そして、またズリズリと引き摺られどこかへ入れられた彼は、棺桶の外からゴウゴウと燃え盛る炎の音を聞いた。

音だけではない。狭い空間が次第に熱くなっていく。

その時点で初めて、恐怖が演技を打ち破った。

「助けてくれ……！　中に俺が入ってるんだぞ！　誰か、助けてくれ……！」

そう叫んだという。

その瞬間、フッと意識が遠くなり、気が付いた時には舞台の上で仲間達に揺り起こされていたという。

どれだけ経っても動き出さない彼を心配した仲間が駆け寄った時、彼の脈は停止していたそうで、必死の心臓マッサージを受けて彼は蘇生したのだと聞かされた。

その後も役者の仕事を続けている彼なのだが、もう死体の役はこりごりだそうだ。

もしもあの時、死んだふりの芝居を止めなかったら、彼はそのまま連れて行かれていたのではないか？

彼の迫真の演技を見るたびにそう思えてしまうのだ。

いつから呪われていた？

榊さんは生まれてからずっとその土地に住んでいる。

昔は長屋が連なったような小さくみすぼらしい家が軒を連ねていたが、都市計画の一環として道路や公共施設が整備されていくと周りの家々も次々と建て直されていき、現在ではほぼすべての家は駐車場付きのモダンな外装の家に変わっている。

拡張された道路脇には街路樹が整然と並び、公園や小学校も整備され、まさに誰もが思い描くであろう綺麗な街並みへと変貌を遂げている。

そんな中に一軒だけ時代の流れから取り残されたような家がポツンと残されていた。

彼が憶えている限りでは、その家に人が住んでいた記憶はない。

トタン板が張り巡らされたような家は錆びついていて、いつ崩れ落ちてもおかしくない状態だったが、それなりに土地面積はあり、古いながらも大きな家と言えるほどの威圧感があった。

彼はその家の存在をとても嫌っていた。

そこの住人といざこざがあった訳でも、街の景観を損ねているのが嫌だった訳でもない。

何かその家から言葉にならぬ禍々しさを感じていたのだという。

しかし、彼の家から大通りに出る際には必ずその家の前を通らなければいけなかった。

だから彼はその家を視界に入れないようにいつも下を向いて通っていた。

そうしないと、何かを見てはいけないものを見てしまいそうで恐ろしかったのである。

別にその家から声や音が聞こえてきたり、気味の悪いモノを見たという噂も流れてはいなかった。

なのに、どうしてそれほどまでにその家を恐れたのか？

それは彼が幼少期に体験した出来事に起因するのだそうだ。

彼が子供の頃、その町には古い長屋のような家ばかりが建っており、特にその家が目立って古いということもなかった。

しかし、その当時からその家には誰も住んではおらず、それが小学生時代の彼と友達にとっては格好の探検場所になった。

誰も住んでいない家に侵入するなど、当時としても見つかれば両親や学校から厳しく叱られることは覚悟していた。

しかし、その当時からその家は錆びて半分朽ち果てているような外観であり、退屈しのぎの探検場所としては最高の遊び場だと感じていた。

だから彼らは両親や学校から叱られるのも顧みず、その家に忍び込もうとした。

しかし、家の中に侵入することは叶わなかった。

家の中に侵入しようとした彼らは、その場から死に物狂いで逃げ帰るはめになったからである。

その家は道路に面した場所に台所があり、彼らはその台所の窓から侵入しようとしていた。というのも台所の窓には鍵が掛かっておらず、簡単に開けることができたからである。

けれども、窓を開けた刹那、彼らはありえない光景を見てしまう。

台所の窓からは居間らしき部屋が見えたのだが、その居間には家族四人とおぼしき何かがテーブルを囲み、座ったままこちらを凝視していた。

古い着物を着た大人の男女二人、お婆さんが一人、そして小さな女の子が一人だった。

しかし、彼らにはどうしてもその四人の姿が人間には見えなかった。

とにかく顔がやたらと大きく、胴体も長く見えたからである。それも尋常でないほどに。

そんな四人がテーブルの回りに座ったまま、じゅわりと彼らに笑いかけてきた。

やぁ、待っていたよ……とでも言わんばかりに。

その光景を見てしまった彼らは、恐ろしさのあまりその場から逃げ帰ることになったのだが、結局中の一人がそのことを親に話してしまい、おかげで彼も両親からこっぴどく叱られた。

しかし、彼らが見たという四人に関しては、誰もそれを信じてくれる人はいなかった。

とにかくその家にはずっと以前から誰も住んでいないのが明らかで、誰かが入り込んで住んでいるなど考えられなかった。

結局、侵入未遂で終わったので学校にバレることもなく、両親から叱責されるだけで騒ぎは収まった。

しかし、彼らの中に植え付けられたトラウマはその後も消えることはなかった。

それから二〇年以上が経ち、当時の友人達はすべて引っ越してしまい、その土地に残ったのは彼一人になった。

そうなってしまうと、彼にとってその家の存在はさらに強いトラウマの対象になってしまった。

ただ、彼もその家に関して何もして来なかったわけではなかった。

登記も調べたし、役所にも行った。

そうしてわかったのはその家には既に持ち主はおらず、市が管理している不動産物件になっているということだった。

それではなぜそんな古い家屋をそのまま残したままにしているのか？

それは何度解体しようとしても何らかのトラブルが発生してしまうという経緯があった。

中には作業員が大怪我を負ってしまう事例も存在し、そんな危険な事故やトラブルの続いた家を無理して解体しても、すぐには用途が見いだせない。解体費用も馬鹿にはならず、すべては税金で賄われることを考えると、断念して放置というのも致し方ないことだろう。

そうして、その家は彼が大人になった時点でも確かにそこに存在していた。

だから彼もその家の存在を疎ましく思いながらも何もできずにいた。

しかし、ある日の夕方、仕事から帰宅し、家の駐車場に車を停めた際、彼はその家の窓から明かりが漏れていることに気付いた。

普段なら絶対その家のほうには目を向けないのだが、明かりに引き寄せられるようにそちらを見てしまっていた。

明かりが漏れていたのは例の台所の窓からだった。

もしかして市の職員か解体業者でも来ているのかな？

そう思った彼は期待をもって家の前まで確認しに行った。

だが、家の前までやって来た彼は、窓から漏れているのがゆらゆらと揺れるような弱々しい明かりだと気付き、冷や水を浴びせられた心地になった。

冷静に考えて、そんな古い空き家に電気が通っているはずもなかったが、その時の彼はそれ以上に何か嫌な雰囲気を感じていた。

すぐに自宅に戻ろうとした刹那、彼は台所の窓が開くのを見てしまう。

だめだ、見てはいけない……。

そう思いながらも彼はその一部始終を凝視してしまう。

開いた窓の内側には誰かが立っていた。

すぐに目を逸らしたかったが、彼にはそれが小学生当時に見てしまったあの四人なのだとわかってしまった。

当時と全く変わっていない四つの顔が開いた窓の内側に並んでいた。

異様に顔の大きい大人二人と老婆が一人、そして女の子が一人。

何もかも当時と同じだ。

それらはまったく同時に彼のほうを見て、ニタァっと笑った。

待ってたよ……久しぶりだね……とでも言わんばかりに。

やはりその顔は人間の物には見えなかった。

一見、人間の顔の造りはしているが、何かもっと別の存在のように感じる。

小学生の自分らが見ればトラウマになってしまうのも仕方がないと、そう感じられるほどに。

それを視た瞬間、彼は大声を上げてその場から走り出し、何とか自分の家へと帰った。

それからだった。

夜寝ていると彼の部屋の窓がコツコツと爪のようなもので叩かれるようになったのは。

それから彼は昼間でも部屋の窓とカーテンを閉めきって生活するようになってしまった。

そして、ついに恐怖に耐えられなくなった彼が家を出て、一人暮らしをしようと決意した日のこと。

件の家から出火し、その家だけが全焼してしまった。

火の気はなく、放火も疑われたが周りの家々への延焼もなかったせいか、原因が特定されないまま不審火として処理された。

しかし、その後が大騒ぎになった。

その家の残骸を撤去し更地にしようとした際に、人骨が出てきたのである。

地下一メートルほどの深さから、四人分の骨が整然と並べられた状態で次々に発見された。大人三人分の骨と小さな子供の骨だった。

しかし、その骨は全体の骨格からすると、頭蓋骨がありえないほど大きかった。

不可思議だったのはそれだけではない。四人分の骨の下には何か梵字のようなものが書かれた紙が入れられた木箱が見つかった。

その木箱も中に入れられた和紙もまるでつい最近になって置かれたかのように綺麗で、全く傷んでも朽ちてもいなかった。

専門家の鑑定ではその紙に呪いの文言が記されてあったのだと、まことしやかな噂が近所を駆け巡った。

はたして四人は呪われていたのか？

それともその四人が何かを呪っていたのか？

それは専門家にもわからないそうなのだが、彼には一つだけ確信がある。

それは幼少の頃にその家に侵入しようとした者にも呪いが発動しているということ。

当時、彼と一緒にその家に侵入しようとした友人達は彼を除いてそのすべてが二〇代という若さでこの世を去っているのだ。

そして、彼自身も最近になって胃に腫瘍が見つかった。

「もしかしたら、あの四人は僕たちへの呪いを遂行し終えたのを確認して、自ら灰になったのかもしれませんね」

最後に彼は力なくそう話してくれた。

姉

河合さんは佐賀県に住む三〇代のＯＬ。

彼女は幼少の頃に不思議な体験をしているのだという。

彼女は公務員の両親の元に生まれ、一人っ子として育てられた。

家は庭付きの一戸建てだったということだから経済的には恵まれていたのだろう。

そんな彼女には姉が存在した記憶がある。

だが、彼女も自分が一人っ子だということは理解していた。

しかし、ちょうど七歳の頃までは、彼女のそばにいつも姉が寄り添うようにいてくれた記憶があるのだ。

彼女より一〇歳以上年上に見えたが、両親が共働きだったこともあり、学校から帰るといつも一人きりで過ごしていた彼女にとって、まるで母親のような存在でもあったという。

色んな生活の知恵を教えてくれたり、優しく頭を撫でてくれたり、眠たくなった時にはいつも膝枕で寝かせてくれた。

両親が仕事から帰宅すると姉は少し離れた場所に移動して、彼女を優しく見つめてくれていた。

それだけでどれだけ心強かったかは言葉にはできないほどだという。

しかし、姉は優しいだけではなかった。

ある時には怖い顔で怒られることもあったし、場合によっては平手打ちされることもあった。

それは、彼女が悪いことをしたときや我儘を抑えきれなかった時ばかりだった。

だから、怒られたり叩かれたりすること自体は怖かったが、一度も姉を恨んだことはなかった。

ただ、その頃から確かに違和感は覚えていた。

両親は姉に話しかけたことはなかったし、姉のいる場所に視線を投げかけることもなかった。

つまり両親は姉を無視していた。

しかし、それにもきっと何か理由があるのだろうと思い、彼女もそれ以上の詮索はしなかった。

姉も大好きだったが両親も大好きだった。

だからその時の彼女は、姉の愛情も両親の愛情もすべて独り占めしたいと思っていた。

しかし、七歳の時、お宮参りに連れられて行った彼女は、宮司から「何かにとり憑かれている」と指摘された。

ことあるごとに彼女は「お姉ちゃん」という言葉を両親に投げかけていた。

最初はいったい何を言っているのかと思っていたらしいが、あまりに彼女が頻繁に「お姉ちゃん」という言葉を使ったり誰もいない場所に向かって話しかけたりしているのを見ているうちに、何かがおかしいと思い始めたようだ。

おまけに偶然かもしれないが、彼女はそれまでに交通事故に遭いそうになったり、自転車で階段を転げ落ちたりしたこともあったので、両親は宮司の言葉を信じてしまったようだ。

二〜三時間ほどの祈祷の末、お祓いは終わった。

特に痛みも何も感じないまま祈祷は終わったらしく、彼女は祈祷を受けている間ずっとこんなことに何の意味が有るのだろうと感じていた。

しかし祈祷が終わってからは二度と彼女の前に姉は現れなくなった。

彼女は「お姉ちゃん」という言葉を使わなくなったし、誰もいない場所に向かって話しかけることもなくなったので、両親も安堵した。

しかし彼女にとってそれは何よりも悲しいことだった。

お祓いをしても、その後彼女は成人するまでに二度事故に遭い、大病をして入院することもあった。

憑き物が取れたのにどうして？

両親も不思議に思ったそうだ。

そんなある日、両親が話した言葉。

彼女が生まれた頃の話を聞いて思わず涙が溢れてきたという。

彼女が生まれた時、家では雑種の雌犬を飼っていた。

両親にとって彼女はなかなか子宝に恵まれず、悩んだ末にようやく授かった一人娘。

だから彼女のことを本当に溺愛していた。

それは、長いこと家族の一員として両親に寄り添ってきた雌犬も同じだった。

その犬はいつも彼女を護るようにそばから離れなかった。

彼女に何をされても決して怒ることもなく、いつも彼女を優しく見守ってくれていた。

人間と犬ではあったがその様子は仲の良い姉妹のように感じられたそうだ。

そんな愛犬は彼女が物心つく前に病気で亡くなっていた。

既に一〇歳を超える年齢であったが、それでも少し早すぎた。

愛犬は亡くなる直前まで彼女のことを心配そうに見つめていたという。

それを聞いた時、彼女のそばにいつも一緒にいてくれたのはきっとその愛犬だったのではないかと感じた。いや、そう確信したという。

確かに、姉が見えていた頃は事故に遭いそうになっても説明のつかない力で後ろに引っ張られて車に轢かれるのを回避できたし、自転車で階段から転げ落ちた時も、医者が驚くほど体のどこにも怪我一つ負ってはいなかった。

愛犬が生きている時も、そして死んでからもずっと自分を護り導いてくれていた。

それを確信した時、悲しさと懺悔《ざんげ》の気持ちでいっぱいになった。

それから彼女は霊能者や神社、お寺などに何を言われても無視するようにしており、おみくじすら絶対に引かない。

それはすべてあの時受けた祈祷のせいだという。
祈祷さえ受けなければきっとその犬が……お姉ちゃんがずっと側にいてくれたはず。
自分の感性に素直に従っていれば、大切な姉を失うことはなかったかもしれない。
それだけが今でも悔やまれて仕方ないそうだ。

呪いの矛先

これは今から五、六〇年ほど前にTさんが体験した話になる。

その頃彼が通っていた中学校の周辺には、左側に女子高校、その先には鬱蒼とした森があり、そこには元国立療養所（旧陸軍病院）があったが、古い木造の建物はお世辞にも衛生的とは思えなかったらしく、彼はいつもこんな病院にだけは入院したくないな……と思っていたそうだ。

その先にある少し開けた広場にはさらに朽ちかけた旧陸軍の兵舎があり、その近辺の中高生にとっては格好の肝試しスポットになっていた。

大人や学校には秘密の心霊スポットといった感じだった。

さらに、森の中の病院と兵舎を抜けると「姥が池」が姿を現す。

江戸時代の悲しい謂れを持つ池だったが、国立療養所から姥が池までの森には秋になるとたくさんのアケビが実をつけた。

もっとも現在では城址公園として整備されているその一帯は、当時は水難事故が頻発していたことで中高生は立ち入り禁止とされていたようだが。

しかし、やんちゃ盛りの中高生がそんな決まりを守るはずもなく、夏には肝試し、秋にはアケビ採りとその森を好き勝手に遊びまわっていた。

そんな彼の中学校には学校を暴力で支配している斉田という同級生がいた。

斉田は実質的にその中学校を牛耳っており、先生達でさえ何も言えない状態でどんなに悪いことをしていても見て見ぬフリをしてしまうほどの存在だった。

そして運が悪いことに彼の同級生には磯野君と真中君という、今で言うところの発達障碍を持った二人の生徒がいた。

そんな磯野君と真中君に斉田が目を付けない道理はなかった。

ある日二人は、斉田にアケビを採ってこいと命令された。

無論、断るという選択肢は用意されていない。

しかし斉田の目的は実はアケビ採りではなかった。

二人のうち磯野君はそこそこ運動神経が良かったが、もう一人の真中君は全く運動ができないことを斉田は知っていた。斉田はそれを面白がり、アケビ採りに見せかけて故意に二人を姥が池へ突き落としたのだ。

勿論、不可抗力を装って。

池に突き落とされた二人のうち磯野君は泳いで自力で這いあがってきたが、真中君はというえば予想通り泳げなかったようで、溺れながら必死に助けを乞う真中君を見て、斉田とその取り巻きは大笑いしていたそうだ。

池から上がった磯野君はすぐにクラスメイトに助けを求めた。

その話を聞いた彼とクラスメイト数人は急いで真中君を助けに行った。

本当ならば先生に報告し、一緒に助けに行ってもらいたかったようだがそんなことをすれば先生にチクったと見なされて、今度は自分達が斉田の標的にされてしまう。

それほど斉田という生徒は同級生からも恐れられている、危険極まりない存在だったのだ。

結果的に彼らクラスメイトの決死の救助で、真中君はなんとか助けることができた。

彼にとってもそれ以上は何も望まないと決めていたそうだ。

しかし、いつの時代にも正義感が強い人間というものは少数だが存在する。

それが同じクラスメイトでお寺の息子だった津島君という生徒だった。

津島君はその一部始終を学校で唯一斉田に対抗できる小松という先生に報告した。

それがどういう結果に繋がるか顧みることもなく。

斉田は小松という先生に呼び出されかなり厳しく叱られた。

しかし、現代なら斉田の行った悪行は叱責だけで済まされるレベルのものではなかったのだが、当時としてはそれが限界だったのかもしれない。

その後どうなったのかといえば、津島君は斉田から逆恨みされ、完全にイジメの標的にされてしまった。

それから数か月後の冬の晴れた日、サイクリングへ行った津島君はトラックと衝突して意識不明の重体で病院へ緊急搬送された。

その事故を知った誰もが斉田の仕業だと直感し、恐怖した。

果たしてそれから暫くして、斉田の手下が津島君の自転車のブレーキに細工をしたという噂がまことしやかに流れたが、誰もそれを証明できるはずもなく、斉田の暴力と恐怖による学校支配はさらに盤石の体制になったのは言うまでもない。

一方、事故で重体だった津島君は脳に障害が残ったものの何とか一命は取りとめて退院することができたが、やはり脳の損傷は激しかったのか、成人式を目前に控えた頃、急死してしまった。

そしてもう一人被害者である真中君はずっと斉田を恨み続けていたらしく、高校を卒業するまで「いつか絶対に斉田を呪い殺してやる」と口癖のように言っていたそうだ。

そしてすべての当事者である斉田はといえば、高校時代から暴走族に入り、成人式の夜に事故死した。

車を箱乗りしていた際にバランスを崩して転落し、後続の車に轢かれたそうだ。

それから数年後、彼は偶然真中君に会ったそうだ。

真中君も彼も亡くなった津島君の墓参りに来ていて、そこでの出会いだったそうだが、その時の真中君は酷く何かに怯えている様子で、思わずどうかしたのかと聞いてみたそうだ。

すると真中君は、自分が呪ったせいで斉田が事故死したと思い込んでいるようで、斉田が死んでしまった今となっては今度は自分が斉田に呪い殺されるのではないかと怯えているのだと教えてくれた。

彼はそんなに思い詰めないほうが良い、斉田が死んだのは単なる事故だよと真中君を慰めたそうなのだが、悲壮感漂う真中君の顔は変わらず、心配で仕方なかったそうだ。

しかし、それから数年後、また偶然真中君に出会った彼は、見違えるほど顔に生気が戻っていることにホッとして胸を撫で下ろした。

どうやら前回出会ってから真中君の夢枕に津島君が立ったそうだ。津島君は、

〈斉田はみんなに恨まれて死んだのだからお前だけのせいじゃない。それにお前のことは俺がずっと守っててやるから。だからお前は二度と人を恨んじゃいけない。そうしないと俺みたいになるからな……〉

そう言って笑いながら消えたそうだ。

それが嬉しくて真中君は大きな荷物を肩から下ろすことができたという。

しかし、その話を聞かされた彼は、思わず全身に鳥肌が立ってしまった。

真中君が夢で聞いた話が本当だとすれば、斉田は真中君や津島君だけでなく他の者の恨みも受けて呪いによって殺されたということなる。

そして何を隠そう、彼自身も人一倍斉田という人間を恨んでいた。

「あんなやつ死んじまえばいい」と何度心の中で吐き捨てたか知れない。

だとすれば、津島君の加護を受けられない自分の所へ斉田の呪いが向かうのではない

か？

そう考えると居ても立ってもいられなくなったそうだ。

飼われていたのは……

世の中には生き物をペットとして育てている方も多い。

犬や猫、鳥や爬虫類、その他の小動物や両生類など。

その中には危険な動物を好む人も少なからずいるようで、俺が勤める会社の同僚であるMという人物はメガネカイマンというワニをペットショップで高価な値段で購入し、そのために大きなケージや水場まで作った挙句、餌やりの際に手を噛まれ速攻でペットショップに無料で引き取って貰ったという猛者《もさ》だ。

そういう俺もずっとジャンガリアンハムスターを飼い続けている。

幼い娘の情操教育のために買い始めたはずのハムスターはあまり興味を示さなかった娘の代わりに俺がハマってしまい、現在では五代目のプリンという名前で我が家の一員として暮らしている。

本当にかわいくて楽しくて、精神的な疲れやストレスを緩和するのにも助けてもらっている。

しかし、全体的に見ればやはりペットとして多く飼われているのは犬か猫ということになるのかもしれない。

俺自身は犬は飼ったことがあるが、猫を飼った経験はない。

過去には小型犬に二回噛まれており、どちらが怖いかと聞かれればやはり犬のほうが怖いのだが、もう一度どちらかを飼っても良いと言われれば、迷うことなく雑種の犬を飼うと思う。

確かに猫は散歩に連れて行かなくて良いし、ある意味ほったらかしでも良いという話を聞くので、猫も良いかなぁと思ってしまうが、俺としては猫が持つ飼い主に媚びない態度や意思疎通が難しそうな部分がどうしても飼うのを躊躇してしまう理由である。

だが、そこが猫の魅力なのだという猫派の言い分もよくわかるし、きっと俺の気づいていない別の魅力もたくさん持っているのが猫という動物なのだろう。

これから書いていくのは愛媛県に住むブログ読者さんから寄せられた、猫に纏わる話である。

彼女は二〇代で公務員という仕事をしている。

楽な仕事だと思い込んで頑張って採用された公務員だが、彼女が配属された部署は本当に忙しく、お昼時間に昼食を摂れないこともしばしばだった。

それでも土日が完全に休みであり、毎日定時で帰宅できるメリットは大きいそうで、当面は公務員の仕事を辞めるつもりはないそうだ。

そんな彼女が心の癒しを求めて毎日のように訪れているのが祖母の家だった。

彼女の祖母は郊外の田舎に居を構え、夫である祖父が亡くなってからは一人で暮らしていた。

口は悪いが心根の優しい祖母が彼女は大好きで、幼い頃から休日のたびに両親にせがんで祖母の家へと連れて来てもらっていた。

祖母が作ってくれる料理も、話して聞かせてくれる昔話も彼女は大好きだった。

祖母の家で一緒に暮らしたいと何度も両親に頼んだほどだそうだが、そんな彼女の願いが叶うことはなかった。

両親が許してくれなかったというのが大きいが、どうやら祖母のほうもそれを望んではいなかったようだ。

だから彼女は週末の数時間を祖母と過ごすことしかできなかったが、それでも十分に楽しく充実した時間を過ごせた。

そんな関係が続き、彼女が公務員として働きだすと、すぐに彼女は両親の反対を押し切っ一人暮らしを始めた。祖母の家の近くに住んで、毎日でも会いに行けるようにするためだ。

本当ならば祖母と一緒に暮らしたかったが、それに賛成した両親とは対照的に、祖母は頑として首を縦に振らなかった。

危険だから、という理由で。

「何言ってるのよ、ばあちゃん。独り暮らしのほうが危険でしょ？」

と何度も頼み込んだらしいのだが、結局祖母が同居してくれることはなく、危険な理由も教えてはもらえなかった。

だから彼女は仕方なく祖母の家から車で五分ほどの場所にアパートを借りて暮らすことにしたそうだ。

彼女が祖母の家が大好きなのにはもう一つ理由があった。

それは猫たちの存在だ。祖父が亡くなってからというもの、祖母は自分の家にたくさんの捨て猫を拾ってきていた。

最初は一匹の黒猫だけだったのを憶えているが、それからどんどんと猫は増え続けて彼女が社会人になった頃には軽く一〇匹以上の猫がいた。

どの猫も祖母の家を自由に歩き回り、何ものにも束縛されていないような自由な時間を過ごしていた。

彼女の実家では母親がアレルギー持ちだということで犬も猫も飼うことはできなかった。

だから彼女にとって祖母の家で猫達と過ごせる時間は本当に楽しいものだった。

去っていき姿を見せなくなる猫もいたが、すぐに新しい猫が仲間に加わるという感じで常に一〇匹以上の猫と楽しい時間を過ごせた。

ただ、それほどたくさんの猫がいるのにも拘らず、彼女がそのうちの一匹をアパートに持って行って飼いたいと頼んでも、祖母がそれを了解してくれることはなかった。

それと、時折、祖母は何かに怯えるような表情を見せたり必死に両手を合わせて謝っているような仕草をすることがあり、それも彼女には謎だった。

祖母の家にはさまざまな種類の猫がいたが、いつも祖母のそばから離れなかったのは白い猫と黒い猫の二匹だった。

いつもそばにくっついて甘えたりじゃれついたりしていた黒い猫。

そして、何もせずじっと祖母の様子を近くから見ているだけの不愛想な白い猫。

どちらもかなり昔から祖母の家にいる最古参の猫だった。

彼女としては、黒い猫と遊びたかったが、祖母は絶対にそれを許してはくれなかった。

そんな祖母に対して彼女は密かにこう感じていた。

きっと黒い猫が可愛いから独り占めしたいんだ……と。

ただ、一度彼女が黒い猫と遊びたいと言って泣き出したことがあり、その時には祖母は猫達のいない場所まで彼女を連れて行くと申し訳なさそうに、

「我慢しておくれ……。お前まで危険な目に遭わせるわけにはいかないんだから……」

そう小声で話してくれたという。

その理由が彼女にはずっと理解できなかった。

しかし、ある出来事があってからようやく祖母の言いたかったことが理解できたのだという。

ある時、仕事中の彼女に電話がかかってきた。

祖母が仕事中に電話をかけてくることなどこれまで一度もなかったので、慌てて電話に

出ると、

「今日は仕事が終わったらまっすぐ実家に帰りなさい。アパートではダメだよ。絶対に実家に帰っておくれ。ばあちゃんの家に来るのは絶対に駄目だからね」

そう言われたそうだ。

彼女としては祖母の言っている言葉の意味が全く理解できなかったからその理由を何度も聞いたが、やはりそれにも祖母は答えてくれることはなく電話は切れた。

しかし、彼女としては気になって仕方なかった。

もしかしたら何か事件にでも巻き込まれてるのかも？

そう思った彼女は祖母の言いつけを守らず、仕事帰りに祖母の家へ寄ってみることにした。

彼女の姿を見た祖母は慌てふためき、何度も家の中に向かってお辞儀をするような仕草をした後、彼女を家の外へと連れて行き、

「お願いだから帰っておくれ！　あんたにもしものことがあったら私は死んでも死にきれないんだから……お願いだから……お願いだから……」

そう言って涙を流しながら彼女を車の運転席へ強引に乗り込ませると

「明日になれば来ても大丈夫だから……。ばあちゃんのお願いだから……」

と諭すように彼女が車で走り去るのを見送った。

彼女は祖母の言いつけ通りアパートではなく実家に帰った。

しかし、夜になると不安で仕方なくなった。

だから電話なら大丈夫だろう……と思い、祖母の携帯へと電話をかけた。

電話の呼び出し音が長く続いた後、祖母が電話に出た。

「良かった……無事だったんだね……」

そういう彼女に対して祖母はかなり苦しそうな声で
「なんで電話なんかかけてくるの？　あいつに知られたら大変なことになるんだよ？　言ったでしょ？　明日になればすべて終わってるはずだから……」

と返してきた。

いつもはそれで引き下がる彼女だったがその時ばかりはそんな気持ちにはなれなかった。

「いつもそんなことばかり言って！　わたしがどれだけ心配してるかわかってる？　それにあいつって誰なの？　私が電話をかけてきたのを知られたらどうなるっていうの？　私、全然わかんないよ！　ばあちゃん、私には何も教えてくれないんだもん！　私、ばぁちゃんのこと、嫌いになりたくないよ！」

と叫んだそうだ。

すると、祖母は弱弱しいながらも優しい声でこう言ったそうだ。

「わたしはね……あいつらが話してるのを聞いちゃったんだよ。人間の言葉でね。それを聞いてしまったらもう誤魔化せないからね。私はもう長くないんだから食べてしまおう……ってね。でも、それに反対している子もいるから……。それに最後の希望を託すしかないんだよ。それと今夜、あんたの所にも行くかもしれない。でも実家にいれば大丈夫。ばあちゃんがあんたの部屋に行くことは絶対にないから声が聞こえても窓が叩かれても絶対に無視しつづけてね。でもきっと明日になればすべて終わってると思うよ。あんたは私の自慢の孫なんだ。こんなことに巻き込まれちゃダメ！　明日になってすべてが終わったら、ばあちゃんから電話するから……。愛してるよ……」

そう言って電話は切れた。

着信履歴も消せと言われたので祖母の言いつけを守った。

しかし、彼女はそのまま一睡もできず朝を迎えることになった。

そして、祖母が言っていた通り、真夜中、眠れずにいた彼女の耳に、

「ばあちゃんだよ〜、開けておくれ……」

という声が聞こえたり、窓がコツコツと叩かれたりしたのだが、彼女にはその声や音がとても恐ろしいものに聞こえてしまい、決してそれに反応することはなかった。

朝になっても祖母から電話がかかってくることはなかった。

居ても立ってもいられなくなった彼女はその日、仕事を休んで母親と一緒に祖母の家を訪れることにした。

そこで彼女が見た光景は、生涯忘れられないものだった。

居間の真ん中で静かに息を引き取っている祖母の姿と、祖母のすぐ近くで傷だらけになって死んでいる白い猫の姿……。

彼女は最後にこう話してくれた。

祖母は最初は猫を飼っていたと思いますが、いつからか逆に、猫に監視されていたのだと思います。

祖母は猫を可愛がっていたんではなく恐れていたんです。

だから私には絶対に黒い猫には近づかせないようにしてました。

祖母が言っていたあいつというのは黒い猫のことなんだと思います。

そして、祖母を護って死んだのが白い猫。

化け猫というのか猫又というのかは知りませんが、私はもう猫だけは飼おうとは思いません……と。

付きっきり

これから書く話は佐伯さんにとって本当に辛い内容になる。

彼女から是非書いて欲しいと許可を頂いたが、正直なところ細部にまで亘って怖さや気味悪さ、そして悲しみを伝えきれるように気を引き締めて書いていきたいと思う。

最初にこれだけは書いておきたいのだが、彼女と家族の関係はとても良好だった。

両親と社会人に成りたての彼女、そしてかなり年の離れた妹と弟の五人家族。

ちょうどその頃は転勤族の父も地元に戻り、彼女も短大を卒業して就職も決まり、将来を約束できるような彼氏もできたようで、家族五人で囲む食卓はいつも和やかな笑いに包まれていた。

父のダジャレもいつものことだったし、彼女が彼氏とのアツアツぶりをネタにからかわれるのもいつも通りだった。

その日も、彼女はいつものように会社に出かけた。

いつもと少し違っていたのは、彼女がその日から入社して初めての出張に出ることになっており、玄関から出かける際に家族が総出で見送ってくれたことくらいだった。

それも特にしんみりした感じではなく、ほんの一泊二日の出張に出ることに緊張していた彼女をからかいに出てきたという感じだったそうだ。

だから彼女も特に違和感など感じず元気に出張に出ることができた。

初めての出張はすべて順調に終わった。

しかし、出張から戻った彼女は家に帰宅した際に妙な違和感を覚えた。

彼女はその日、会社には寄らず出張先から直接帰宅した。

時刻はまだ午後四時頃だったそうだ。

いつもよりもかなり早い時間に帰宅して驚かせようとした彼女だが、自宅に戻ると家族全員が玄関にいて満面の笑顔で彼女を出迎えてくれた。

まるで早い時刻に帰宅するのを知っていたかのように。

いつもなら午後四時に誰かが帰って来ていることなどないはずだった。

両親もまだ働いている時間帯だったし、弟妹は夏休みだったがいつも門限までは友達と外で遊んでいる。だからこそ彼女は誰よりも先に帰宅して家族を驚かせようと思っていたのだ。

それなのに彼女が玄関の鍵を開けようとすると既に鍵は開いており、ドアを開けると家族全員が彼女に向かって立ったまま「おかえりなさい」と声を掛けてきた。

それも一糸乱れぬ揃えた声で。

彼女は豆鉄砲をくらった鳩のようにその場で呆然と立ち尽くしてしまった。

そんな彼女の背中を押すように家族はリビングへと連れていき、いつもの席へと座らせた。

そうしてまだ状況がくみ取れず戸惑っている彼女に、家族は満面の笑みを浮かべて、「出張は楽しかった？」と聞いてきた。

その質問にようやく彼女も我に返り、慌てて買ってきたお土産を鞄から出して、家族一人一人に手渡した。

家族は皆、嬉しそうな顔でそれを受け取ってくれた。

続けて彼女は出張中に起きた出来事や失敗談を面白おかしく話して聞かせたのだが、家族は皆、熱心に耳を傾け、彼女の話を聞いてくれた。

いつもと変わらない家族団欒の風景だった。

しかし、その後夕飯が運ばれてきた時、彼女は決定的な違和感を感じてしまう。

料理自慢の母親が運んできたのは生の食パン一枚だった。

しかも冷蔵庫の中に入れられていたらしく、その食パンはとても冷たかった。

父とは違いジョークなど言ったことがなかった母親だったが、それでも彼女はこう聞くしかなかった。

「えっ？　これって何のジョーク？」と。

しかし母親だけでなく他の家族もニコニコと笑いながら反応がない。

しかも食パンが運ばれてきたのは彼女の前だけであり、他の家族の前には何も運ばれていない。

「えっ？　みんなの分は？」

と聞いたが、相変わらず笑顔のまま無反応だった。

しかも家族は彼女が食パンを食べる瞬間が見たいとでもいうように、身を乗り出して彼女の手元に注視している。

さすがの彼女も食パンには手を付けず、

「ごめん……なんか疲れてるから今日はもう寝るね……」

と言って自分の部屋に退散するしかなかった。

とてつもなく嫌な予感を覚えながらも、その夜は疲れのせいか早い時間にも拘らずすぐに眠りに落ちることができた。

先ほどの出来事が夢であって欲しいと願いながら……。


しかし翌朝目を覚ました彼女は思わず目の前の光景に悲鳴を上げてしまった。

彼女の目の前には寝顔を覗き込むように家族全員の顔があった。

そして、言葉を失っている彼女に向かって当たり前のように「おはよう」と声を掛けてきた。その声もまた完璧に合わさっていた。

彼女は朝食も摂らずに仕事に行く準備をした。

しかし、歯磨き、洗顔、メイク、着替えとすべての行程を家族全員が注視しているのがわかり、ぎょっとしてしまう。

チラッと一目見るだけなら文句を言うつもりもなかったが、家族全員が揃って堂々と彼女の一挙手一投足を凝視している様は明らかに異常だった。

「もうわかったからいい加減にからかうのは止めてよね！　私なんか悪いことでもした？」

そう言いながら玄関に向かうと、その後から家族全員がぞろぞろと付いてきて、満面の笑みで「いってらっしゃい」と手を振る。

会社に着いたが家族の奇行が気になって全く仕事が手につかなかった。

そして、あることを思いついた彼女は、上司に早退届を出して午前中で仕事を終えて帰宅した。

昨日あんなに早い時刻に家で顔を揃えていた家族だが、まさか今日も家に居るのではないか……？という疑念を感じ、それを確かめたかったのである。

妙な緊張を抱えて自宅へ着いた彼女は、物陰に隠れるようにして家の中の様子を窺った。

彼女の予感は的中した。

家には家族全員がいた。

リビングの各自の席に座ったままピクリとも動かず、それでいて各々の顔は満面の笑みを湛えていた。

それは彼女に寒気をもたらすには十分な光景だった。

彼女はそのまま家には戻らず、彼氏に連絡して会うことにした。

彼氏に事情を話すと、それじゃ今日は僕も一緒に帰ってあげるから……と言ってくれたそうで、彼女はホッと胸を撫で下ろした。


夜、彼氏と一緒に恐る恐る家に帰ると、家族はいつもの家族に戻っていた。

母は夕飯の支度で忙しく動いており、父はまだ仕事から帰宅していなかった。

妹と弟は既に帰宅していたが、いつものようにゲームに熱中している様子を見て彼女は肩の力が一気に抜けた。

やっといつもの家族に戻ってくれた……。

いや、きっと今朝までの家族が幻だったに違いない……。

そう思った。

しかし、そうではなかった。

父が帰宅すると彼氏に向かってこう言った。

「うちの娘との付き合いは認められません。今すぐ別れなさい……」と。

彼女は最初、父が何かのジョークを言っているのかと思ったそうだ。

しかし、その後は家族全員が声を揃えて彼氏に向かい、真顔でこう連呼した。

「今すぐ別れなさい」と。

彼氏は、「今日のところは出直します……」と言って帰っていった。

彼女は泣きながら自分の部屋に籠ったが、それ以後彼氏とは一切連絡がつかなくなってしまった。

そのまま泣き濡れて寝落ちした彼女だったが、翌朝目を覚ますとやはり枕元に家族が座っており、

「今日は会社を休みなさい……顔色が悪いみたいだから！」

そう言われたという。

「いや、全然大丈夫だから！」

と言って着替えようとする彼女だったが、急にひどい耳鳴りと眩暈を感じ、そのままベッドの上に倒れ込んだという。

私は本当に体調が悪かったのかな？

そう思ったが仕事の段取りもあったので会社に電話してみると、やはり何度かけても会

社には繋がらなかった。

それからが大変だった。

彼女は家族に軟禁された。

家の中を移動することは制限がなかったが、それでもすべての行動に家族が付いてきたし、外に出ようとすると満面の笑顔のまま、ことごとく邪魔をされた。

彼女は仕事にも行けなくなり、トイレに行く以外は自室に籠るようになった。

そして、一日に数回、家族が代わる代わる彼女の部屋へやって来て、

「まだ？　もういいでしょ？」

と聞いてきた。

その言葉の意味が理解できず、聞き返しても何も教えてくれない。

そのたびに彼女はその場に泣き崩れ、訳もわからないままに泣き続けた。

その時彼女は感じていた。

人間というのはこんな風に精神を病んでいくのだな、と。

自分が置かれている状況を全く理解できなかったし、何より今は家族の存在が恐ろしくてたまらなかった。

いったい何が起きているのか？

それぱかりを考えていたそうだ。

そのうち変化が表れだした。

一日に数回、家族が彼女の部屋にやって来るのは同じだったが、その家族の容姿が少しずつ変化していった。

最初は気付かなかったが、確かに家族の顔や皮膚の色が変色していった。

それは少しずつ腐っていっているように見えた。

やがてそれは確信へと変わっていく。

家族の顔が崩れていき、肌がゆっくりと紫色に変わっていった。

それでも彼女は既にその時にはかなり精神を病んでいたのだろう。

ああ……顔が腐っているから家族がおかしくなっていってるんだ……。

と、それが当たり前のことのように考えていたそうだ。

そして、彼女はある日、突然湧き起こった衝動を抑えきれず、自室の窓から飛び降りた。

自室は二階。

命に別状はなかったが、それでも全身を打撲し左足を骨折した。

それでもその時に彼女がとった奇行ともとれる行動が、結果的には彼女を救ったのかもしれない。

通行人に目撃されすぐに病院へと搬送された彼女は、そのまま入院し手術を受けることになる。

自宅へ何度電話をかけても繋がらなかった警察は、彼女の自宅を訪問した。

しかし、家の中には家族の姿はなく、ずっと誰も住んでいなかったかのようにすすけていた。

そして、彼女は手術を終えた病室で想定外の知らせを警察から聞かされた。

家族は見つかったが、既に全員が死亡していた。

死因は一酸化炭素中毒。

現場の状況から、家族四人が車の中で練炭自殺をしたのは明らかだったそうだ。

ただ死亡推定日、つまり自殺を決行したのは七日前。

それは彼女が出張に出かけた日の昼間だった。

暑い時期ということもあり、家族全員の遺体はかなり腐敗が進んでいて、その顔は紫色に変色し溶け崩れていた。

警察からそう説明されたが彼女に納得できるはずがなかった。

確かに家族の様子は異常ではあったが、彼女は間違いなく出張から帰って来てからの数日間、家族と暮らしていた。

遠い山の中に車を停めて自殺した家族が家に居ること自体、説明がつかない。

ただ、そうやって色々と考えているうちに、彼女はこんな考えに辿り着いたという。

家族にはきっと私にはわからない重大な苦悩があったのだろう。

そして、社会人になり彼氏もできた自分には悩みというものはなかった。

だから、きっとあの朝家族は揃って笑顔で出張へ送り出してくれた。

無理心中に私を巻き込まないために。

既に死ぬ覚悟をしたまま私が家を出るのを見届け、それからすぐに自殺を強行した。

すべては私のために。

だから、きっと私が出張から帰ってから家の中にいた家族は別の悪霊なのだろう……と。

そう言われて、

「本当にそう思いますか？」

と聞いた俺に、彼女は泣きそうな声で返してきた。

「真実なんてどうでもいいんです……。そう考えないとこれからきっと私は一人で生きていけなくなります……」と。

供養塚

山瀬さんが住んでいた家はかなり古い時代に建てられたものだった。

代々その土地の地主をしていた先祖が建てた家を増築したり改築したりしながら、彼女の一族はずっと昔からその家に住み続けていた。

木造ではあったが柱も太く、基本的な造りがしっかりしていたため、未来永劫ずっと住み続けられるような気がしていたし、先祖代々の戒《いまし》めにもその家にずっと住み続けるようにと書かれていたのであるが、さすがに経年の劣化には勝てなかった。

ある年の夏、強い台風と洪水がその家を襲った。

床上まで浸水した家はそれまでの強靭さが嘘のように脆さを露呈してしまった。

家がどんどんと傾いてきて、それは日を増すごとに酷くなってきた。

家の中にいると頻繁に木材が割れるような家鳴りが聞こえてきて、おちおち寝ても居られなくなった。

そこで思い切ってその家を建て直すことに決めた。

古く立派な家ではあったが、文化財に指定されている訳でもなく、補修には補助金もなく多額の費用が必要だったので、それならばいっそのこと、家自体を建て直してしまおうという結論に達したのだという。

その家は二階建てくらいの高さがあるにも拘らず平屋建てという、大層変わった造りになっていたそうで、新しく建てる家は普通の二階建てにしようと思っていた。

だが家の建て替えには分家の親族たちに大反対をされた。

おまえは先祖代々のしきたりを守ってその家を補修して住み続けろと、そう言うのだ。

彼もそう言われることは想定内だったらしく、それならば他の土地に移り住むしかないですね、と言うと、煩い親戚も口をつぐんだそうだ。

古い家屋の解体だけでもかなりの時間と費用を要したが、いよいよ解体も最終段階に差し掛かったところで、思わぬ問題が発生した。

家のちょうど真ん中部分の床下から、いつの時代に造られたのかもわからない朽ちた塚が見つかったのである。

塚に書かれていた文字は既に読めなくなっていたが、供養という文字だけが読み取れたことで、それが何かを供養するために造られた供養塚なのだということだけはわかった。

解体工事は中断され、親戚を集めての話し合いが行われた。

彼ら本家としては得体の知れない供養塚の上に新しい家を建てるなど考えただけでぞっとした。

だからその供養塚を別の場所に移したいと親戚に相談したのだという。

しかし、親戚は皆、口を揃えてこう言った。

やはり本家の家屋は取り壊すべきではなかったんだ！　と。

そんな親戚たちだから、塚の移設に賛成などするはずもなく、このままその塚の上に家を建てるという選択肢しかなかったそうだ。

山瀬さんは仕方なく、塚の上に覆いかぶさるように新しい家を建てることにした。

だが、それは無駄な話し合いだったようだ。

家屋をすべて解体し、その供養塚の周辺だけをできるだけ触らないようにして地盤を固めたそうなのだが、その作業のために必要最低限ではあったがその塚に近づき、触れた作業員がいた。

すると、立て続けにその作業員に不幸が襲い掛かった。

作業員自身にではない。

作業員の家族である子供たちが不可解な死を遂げたのだ。

ある子供は事故で、またある子供は突然の心不全で。

一人ならまだしも二人である。まるでその供養塚に近づいたことによる呪いによって死んだとしか思えない事態になった。

そして、山瀬さんの家族である息子さんも、ある夜いつものようにベッドに入りそのまま朝になっても目覚めることはなかった。

急性心不全だった。

その頃は家の建て替えのため近くのマンションに仮住まいしていたにも拘らず、七歳という若さで急逝してしまった。

こうなってしまうと、さすがにどの作業員もその現場には行きたくないと仕事を断ってきた。

工事の現場監督からも相談され、話し合った結果、山瀬さんの新居は同じ敷地内の別の場所に建てられることになった。

その後、不可解な死の連鎖はピタッと鳴りを潜めてくれたらしく、家の建て替え工事は半年ほどで終わった。

山瀬さんも息子さんを亡くすという悲しい出来事はあったが、それでも息子さんの分までしっかりと生きなければ、と新しい家での生活を楽しむことに決めた。

ただ、広い敷地に平屋建ての家屋と朽ちた供養塚が並んで立っている様は周りから見ても明らかに異様だった。

彼はせめて目立たないようにと、家族と相談して供養塚の周りに花壇を作ってみた。

塚の周りを綺麗な花で埋め尽くし、毎日欠かさず供養塚に向かって手を合わせることがそれこそ供養になるだろうと考えたのだという。

しかし、そんな考えなど古の供養塚には何の効果もなかっただけでなく、より一層供養塚の機嫌を損ねてしまったようだ。

山瀬さんの夢の中にたくさんの子供たちが出てきた。

子供達には首がなく、体もガリガリに痩せ衰えていた。

夢の中で子供たちは山瀬さんの首を取ろうと左右に捻ってくる。

その痛みに耐えかねて目を覚ます……。

そんなことの繰り返しになった。

そんなある日、分家の親戚の一人が彼の元にやって来た。

分家の家にも古くからの家系図や書物がたくさん保管されており、それを苦労してすべて読み尽くしたのだと親戚は言った。

そして、結論から言えばその塚は亡くなった子供達を供養している塚だった。

病死や不慮の事故で死んだのではなく、古い時代にその土地で小作として農業を営んでいた家族が人減らしのために自ら殺した子供たちだった。

農作物の不作に苦しんでいた頃、山瀬さんの先祖が小作達に命令した。

子供は一人だけ。

二人目以降は七歳までにすべて殺すように、と。

そして、それらの子供たちの遺体はすべて山瀬さんの家の床下。

つまり供養塚がある辺りに雑に埋葬されているのだと書かれていたそうだ。

現在、山瀬さん一家はその土地を離れ、マンションに移り住んでいる。

そして、もう二度と本家があった土地へ戻るつもりはないそうだ。

どうやら親戚からその話を聞いた後、山瀬さんは亡くなられた作業員のお子さんの死亡年齢を調べたそうなのだが、どの子供も七歳以下だったそうだ。
そうなるともう、その親戚が見つけてきた古い書物を信じるしかなかった。
しかし、それでこの連鎖は終わったのかと言えば、どうやらそうでもないらしい。
山瀬さんの一族ではお孫さんの死産が立て続けに起こっているそうなのだ。
「この祟りはこのまま終わらないんでしょうか？」
そう尋ねてきた山瀬さんに俺は、「たぶん……」と答えるしかなかった。

あとがき

拙著「闇塗怪談」が第一〇巻を以てシリーズ完結となった。

それは私が望んだ形であり最初から決めていたこと、いや一〇巻に近づくにつれてさらにその思いを強くした結果である。

それまでの流れを一旦断ち切って新たな怪異を表現したいという意欲が日増しに強くなっていったからに他ならない。

そして新たにスタートした「怪談禁事録」。

今、私の心の中は実話怪談に対するワクワクした気持ちで溢れている。

今まで書きたくても書けなかった話、描き切れず諦めて放置していた怪異の世界観、そして、今まで使わなかった表現方法、それらをすべて放出し、新しい実話怪談のジャンルを構築したいという目標を掲げての再出発になる。

読み手が恐怖を感じるポイントは千差万別であり、人それぞれがその人なりの恐怖の対象というモノを持っているのだと思っている。

それは書き手も同じであり、それが重なった時に怪異への恐怖は増幅されるのだろう。

だから、この「怪談禁事録」では日常から非日常までの様々な怪異を遠慮なく書き綴っていくつもりだ。

その中には読むだけでも危険な話や、トラウマになってしまうような話も当然ながら含まれる。

「闇塗怪談」シリーズでは直接的であれ間接的であれ、読み手に危険が及んだりトラウマを植え付けるような話は収録しないと約束し、それを厳守していた。

それが間違いだったとは思わないし、それでも一定の読者さん達に読み続けられてきたことには本当に感謝しかない。

しかし、別の意味で怪異に対する表現の限界も感じていた。

だから新たにスタートした怪談禁事録ではその限界を打ち破りたいと思っている。

怪異はあくまで恐ろしいモノであり危険なモノという事実はどうあがいても変えようがないのだから。

恐ろしいモノを楽しむ必要はない。

恐ろしいモノは恐怖し、怯え、それに備えるべきモノなのだ。

そして、実話怪談を読まれる方ならばその意味を理解していただけるものと期待している。

ただ、書きたい怪異を自由に書いても売れなければ本末転倒になってしまう。

私的にはこの「怪談禁事録」がシリーズ物として続いていき、いつか新しい実話怪談のジャンルを開拓できる日が来るように切磋琢磨していくつもりだ。

とりあえずはこの本を読まれた方に忘れられないトラウマを植え付けられれば、と願っている私がいる。

令和五年六月

営業のK

★読者アンケートのお願い

本書のご感想をお寄せください。アンケートをお寄せいただきました方から抽選で 10 名様に図書カードを差し上げます。

（締切：2023 年 7 月 31 日まで）

応募フォームはこちら

怪談禁事録

2023 年 7 月 6 日　初版第一刷発行

著者……………………………………営業のＫ
カバーデザイン……………………………橋元浩明（sowhat.Inc）

発行人……………………………………後藤明信
発行所……………………………………株式会社　竹書房
〒 102-0075　東京都千代田区三番町 8-1　三番町東急ビル 6F
email: info@takeshobo.co.jp
http://www.takeshobo.co.jp
印刷・製本……………………………………中央精版印刷株式会社